天下文化

BELIEVE IN READING

‧笨‧作‧文 起步走

進階技巧篇

林明進 著

BEP052

目錄

導論

●描寫技巧篇

●記敘技巧篇

●抒情技巧篇

●說明技巧篇

●議論技巧篇

導論
笨作文——起步走

●笨先生的作文教學策略（一）

你一定承認：台灣的孩子不喜歡寫作文、怕作文，甚至討厭寫作文，從小三寫到高三，作文障礙，成了歷久不衰的話題，是誰讓台灣的孩子不會寫作文？

我教書四十年，常常有一個疑惑：學一門技術，只消三年，學徒就可以出師。可是作文從小三學到高三，整整十年，寫得好的能有幾人？一個班或一個作文寫作班，寫得好的往往就只有那幾個。這些極少數的寫作高手，可能是自己的天賦特別出色，也可能是家學特別踏實教導。其他作文道路上的莘莘學子，一路走來，該學好的、可以學好的大部分學生，也大多沒有學好。一般孩子是不是注定無法寫得好、學得好「作文」？答案是否定的。那是教的問題嗎？

憑良心講，從小學到高中，第一線的基層國語文教師沒有不想把作文教好的，也沒有不認真教、認真改的。教書這個行業是天職，是良心事業，每一位老師都念茲在茲，很當一回事。問題是學生也都認真寫啊！寫不成、寫不好，往往到了國中會考、大學學測，乃至於國家級的「高考」、「普考」、「特考」，才猛然發現。我們把作文看成是國中生的痛、高中生的苦、社會人士的惱，不就是從考試去判斷的嗎？然而，痛定思痛的結果，往往是：「為時已晚」！

君不見，從國中生會考的「寫作測驗」到考大學的「國寫」作文，有幾個應考生能憑本事拿高分的？嚴格來講，進入國中的學習殿堂，國中生開始面臨會考作文的「寫作測驗」，高中三年後就要面臨大學學測的「國語文寫作能力測驗」，從國中作文六級分，到國寫占國文考科五○%，都是中考、大考，整體考好、考壞的關鍵分數。

考試來了，於是補習就來了，作文補習不是笑話。可是快樂的學習變成補習得高分，這是六十幾年來——自有聯考以來的笑話！在「補全科送作文」的補習天地裡，作文不都是「套招」、「框架」，甚至能一個一個為考生量身訂作的。因此，你賣菜我也賣菜，你五月天我也五月天，你火星文我也火星文，從台灣頭寫到台灣尾，從本島寫到離島，我們的考生寫的都一樣，台灣的政治至少還分藍綠，可是作文不分青紅皂白，早就統一了。

「統一」表現在作文的現象，就是清一色的標準答案，因為每一科考試都在追求標準答案，誰的標準答案答對愈多，誰就勝出。「標準答案作文」就應運而生了，每個考生的作文祕笈就是古今中外的名言佳句、名人掌故、行為典範、感人事蹟；有書幫你整理，有人幫你歸納，學生寫作的腦子早就被「人工」智慧攻占。這是寫問答題，不是寫作文。可是以寫問答題的手法來寫作文，不知不覺，順理成章的成為考試作文的主流；更可怕的是，很多坊間的作文業者，整理蒐集一大堆成套的美文佳句、成篇的文章，讓學生背誦、套用。

如果你只想「給我分數，六級分、A⁺，其餘免談！」那話題可以就此打住。但若你認同，也想知道怎麼讓十個學生寫的十篇文章都不一樣，就應該自然而然的起步走。納入正規的啟蒙，能讓學生自然而然的、一點一滴的學會，像階梯一樣，一步一階，不能造次，不能躐等，自然而然的融會貫通，最後才能親嘗瓜熟蒂落、水到渠成的甜蜜果實。

教作文與學作文，我們必須回頭想想是不是走進揠苗助長、自毀前程的死胡同？是不是走向殺雞取卵、短視近利的悲慘下場？這樣是走不到作文的康莊大道的。如果你想釜底抽薪，快樂學會作文，那我跟你分享一套最笨的作文入門書：

《起步走笨作文：基礎訓練篇》、《起步走笨作文：進階技巧篇》

專為國中升高中——會考而寫的《笨作文》，以及專為高中升大學——國寫而寫的《國寫笨作文》。原則上我不放參考習作，因為人人都要寫出一篇言之有物，代表自己個人色彩的文章，以贏得評審們的青睞。

但是入門的基礎寫作不同，這一套兩冊的「笨作文」，不但提供簡單的寫作理論，同時也會針對各種作文策略提供範例，讓初學者有所遵循，簡單的說，就是要讓孩子或初學者一學就會。內容結集自長期發表在《國語日報》的寫作專欄——「林明進魔法教室」；簡明扼要不囉嗦，父母老師一看就懂，容易準備容易教，馬上可以上手，中高年級學生的理解能力也輕鬆可以接受。

對於初學者——包括真正第一次寫作文的國小中高年級生，和第一次按部就班想學作文的國中生、高中生，這一套書都適用。國小中年級到高年級這個階段，建議由父母入手，進行作文啟蒙；國中生和高中生打算從根救起，可以自行閱讀到寫作，一步一腳印，很快就會發現自己的病灶，強化自己的罩門，後蹲前跳，就會跳得更遠；往後退一步打基礎，就會寫得更順手。

◎我的作文教學策略與實例

一組套餐

一、**片段寫作＋仿寫示範**

從一句話開始——每一種文體所有的功夫，都要確實學好、學會，不怕慢，只怕站，直到爐火純青為止。各類文體都有一把鑰匙。教基礎寫作和文學創作是二而一的。片段寫作的概念，是把作文的各個環節，一個一個獨立出來教授學習，把每一個細節的基本功夫蹲好。像以前學書法一樣，小一先從「描紅」（朱色）起步走；從唐朝開始，一直到現在都還有《上大人》寫字簿，這是古代童子描紅習字常寫的一種只有二十幾個字的字帖，一頁有八個字，童子依據字的筆順照著描，這基礎的「仿寫」，文句大約為：「上大人，孔乙已，化三千，七十士，女小生，八九子，佳作仁，可知禮。」筆畫簡單，目的在排除初學者的恐懼，培養學書法的趣味。

小二改成綠色字，這八個字有了進階的安排，前四個字依然根據字形照著描；五、六兩個字，字型設計成隱隱約約的虛線，從有到無，自然而然的過渡與銜接；接著七、八兩個字，一無所有，只剩九宮格，學生必須根據字形，一筆一畫找位置。

到了小三，上學期老師教基本筆法，從一點「、」開始。單一的字，光練一個「永」字，就是永字八法。下學期選用歐陽詢、褚遂良、柳公權、顏真卿四種字帖，自由分組，選定後不再更動，一家字帖練到底。每一個字畫成九宮格，每一個學生細心模仿，這叫臨帖。楷書練就，然後行書、隸書、魏碑、金文、甲文、草書等等。

本書把學書法分解再結合的概念，運用在作文教學上。精細精準的拆解，透過「片段寫作＋仿寫示範」的手法，讓學生有依據、有進階、有方向，一步一步打下作文的基礎。

二、主題式的寫作

將一篇文章的每一個步驟獨立出來練習的「片段寫作」，練到爐火純青，這只是階段性任務，最後還要統整綰合，才是作文之道的大功告成。「片段寫作」好比是珍珠的切磋琢磨，當晶亮美麗之後，還要以絲鍊串起來，才能成其為項鍊；又好比是火車，要把每一節的車廂連結起來才能叫火車。

建議的做法是「先分後合」，也就是以主題式的寫作為基準，將各種練就的能力，實兵演練，進行統整。就像駕訓班理論一樣，把每一個作文的細節技巧，統統學好之後，再以每一種文體為對象，設計一個題目，從審題、立意、構思、選材、布局，到段落的處理，到內容的安排，到修辭的運用……一步一步腳踏實地走一遍，先片段寫作再緊密的連結統合，每一個題目可根據學習者的對象與能力的需求，花三個星期到一個月之間，實際操作一題，這樣才算大功告成。

片段寫作只是單一的基本功，這只是火車一節一節的車廂，分別獨立。當所有片段的功夫練好了，我們要把一節一節的車廂連結起來，火車頭一啟動，「叶叶輕嗆、叶叶輕嗆……」這才是鐵軌上可以獨當一面的交通工具。

所謂「主題式的寫作」，就是把《起步走笨作文：基礎訓練篇》、《起步走笨作文：進階技巧篇》兩書所有的基本功，精練妥當之後，再安排描寫文、記敘文、抒情文、說明文、議論文等各種文體，各訂一個題目；從審題、立意、構思、選材、布局，統合走一遍，各種文體的寫作策略，根據章法設計的需要，就各文體學習有成的「片段寫作」，選定與應用必要的寫作策略，連綴起來，嚴謹的寫成一篇完整的文章。

五種文體都踏實的組織整合一遍，同時也就將各種片段的基本功，練習了五遍。俗諺有云：「師父領進門，修行在個人」，作文老師要教的領進門了，寫作的概念就完足無缺，可以做到「立於不敗之地」；至於寫作能力的精進，想要日起有功，還是學生本身要下「深」功夫；太陽雖然溫暖，別人卻幫你曬不來！

兩種概念

一、蹲馬步式的作文基本功

時下講作文，最流行的口號就是「創意、創意、再創意」，這個思維不必反對，而且需要加碼鼓勵，因為原本「立意」的「意」，就含有創意的意涵。從客觀上看，國中生面對的寫作測驗和高中生面對的國寫，整體的表現都是不夠好的。可能是題目太平常或太艱澀，也可能是超過學生生活經驗的關係，其他還有很多可以合理化的理由。但是，大家很少去談是不是考生基本寫作能力的問題，嚴格的說，這才是真正的病灶。這個不起眼卻又是根本性的障礙沒有徹底改善，想要作文有真正的突破，那可能是緣木求魚。學生沒有打下穩固扎實的寫作基礎，不論是語文表達力或文學表達力，都會出現不可逆的瓶頸。

這本書是寫給想學好基礎寫作的人，只要有需求，任何人都是對象，永遠不會太晚。如果你認為文字怎麼這麼簡單，本書編寫的目的正在這裡，讓教的父母、師長與自學者都能一目了然。這是我任教建中期間的作文實驗教材，以數理資優班為實驗的基礎寫作，高一實施，共十二年，同樣也在小學高年級實際操作八年。

二、戲法人人會變，各有巧妙不同

「戲法」發展到「巧妙」的尖端，這屬於「真、善、美」三個境界當中——「美」的層次；通俗一點來說，巧妙是屬於創意的追求。坊間從各級作文書到各家作文補習班，經常以「創意」為號召；文章最高的表現就是「美」，美的基本條件很多，「創意」是不可缺的元素。

創意可以從哪裡來？創意可以從生活中來，創意也可以從個人的發現得來；創意可以借助於別人的經驗，創意也可以從古詩詞得來；創意還可以從現代文閱讀中領略……創意不是獨立的寫作版圖，它也是基礎寫作的一部分，可以從基礎寫作的不斷累積中逐漸成形，這是自然而然也是順理成章的成果。

沒有作文基本功做為創意寫作的基礎，這種創意往往曇花一現，很容易成為空中樓閣。偶然的神來之筆，是一時興起，意外撿到的靈感，這靠不住。我們不反對創意的寫作，但是主張先蹲好作文基本功，這是寫作發展先後步驟的問題，兩者同樣是寫作成功的要素。

三個理論

教作文或者學作文，為什麼不能馬上出題、馬上寫？記不記得我們的第一篇作文都是怎麼開始的？五、六十年以來，我們的作文課，都是兩堂作文課現場寫作文，老師黑板上寫個題目，說一說、引導引導，就寫起來了。抓不到寫作訣竅的學生，其實寫個幾次就把作文寫死了。

出一個題目馬上讓孩子寫，尤其是第一次就要讓他寫一篇首尾完整的文章，請問他憑什麼會寫得好？從零開始是最難的。可是我們的作文經驗是不問耕耘只問收穫，提筆就得寫，這就好比讓沒有養成任何戰技、戰術、戰略的大頭兵，就讓他成為戰士上沙場打仗。打過一次仗就是老手，那是電影的夢話。

「培養寫作力」和「鑑別寫作力」，絕對大不同，不能一樣看待，可是作文教學的問題就出在這裡。每一次寫作文最後都分等第，都是在比賽，都是在鑑別寫作能力的高低。一入門就錯了！培養作文能力，關鍵在「養」，要讓學生會寫了再寫，準備好了再寫，翅膀硬了再飛。

作文像練功夫一樣，只要按部就班，從蹲馬步開始，「先會，晚會，最後大家都會」，這才是好的教學結果。每個人開竅時間有長短的不同，但是最後都能練成一身功夫，我們相信：「騏驥一躍，不能十步。」我們更相信：「駑馬十駕，功在不舍。」天下沒有白撿的真功夫。

因此，對於第一次教作文、學作文，以及第一次想學好作文的中學生或社會人士，笨先生提供你三個理論。

一、水果理論：從零開始

考試領導教學，這個原罪逃不掉。我們來點真的──從零開始。

教（包括父母與作文教師）與學（大考下的各級中小學學生）的人都應該清醒，你沒有理由怕教作文，怕寫作文。作文像做人，往心裡找真，往大千世界找真，往人生百態找真。用腦子去想，用心去消化，用耳朵去聽，用眼睛去看，貼近人生，抓緊生活，自然行文。從零開始，從自己開始。

在還沒有形成氣候，搞虛構、虛擬之前，「真」是一條路，往真的方向去寫，把複雜的簡單化，大家都會愉快的發現：多數學生的筆是有溫度的，文章是有生命的。寫作想要成功，不能鑽尖取巧，從簡單開始，從「真」開始。

就作文來講，第一個介紹水果理論。自己種的水果有一份心在，有一份情在，好吃、自然、真實、安心。一方土地一方人，水果也一樣，什麼地方產什麼樣的水果，找最適合的土地，種最適合的水果。譬如：台東種釋迦、林邊產蓮霧、枋山出芒果……選定必要條件，然後種植、培土、澆水、施肥，一切從零開始，三年後第一顆水果出生，那是你辛苦種出來的「真」水果。

當然你也可以說，想吃水果，超市或傳統市場應有盡有，但那是買來的，不是自己的。就好像名言佳句都是別人的，沒有消化，隨便套入，不是自己的，再美的文字都是「失真」的。自己種的為什麼好吃？有真在，有真心在；阿嬤種的為什麼好吃？有情在，有真情在。這樣的文字從心出發，自然溫暖，容易感染人心。

水果理論——「從零開始」，不論閱讀或體驗、記錄或觀察、選材或謀篇，以及任何基礎寫作的功夫，都應該從零開始。慢慢積累，不走捷徑，充實自己的寫作能量。

二、**醬油理論：完整醞釀的過程**

傳統或古早的醬油製程，都需要固定而合理的時間來進行發酵。三天兩頭就製造出來的醬油，不是不自然的人工操作，就是濫用化學原料的快速發酵。這不能當作我們所說的醬油理論。所謂「醞釀」或「發酵」，不只是製造醬油所獨有，其他像醋、酒等等都是，我們只是以「醬油」做代表。

五、六十年前，台灣基層農家，家家戶戶都會自己製造醬油。一般都是選用黑豆（烏豆）做材料，將一定比例的黑豆、鹽巴、酒，放置陶甕之中。約莫一個月，就有淡淡的豆香發散，三個月、六個月更香，一年就可以放在餐桌上沾了，想要更香醇的陳年醬油，最少需要三年。

同樣的，想要有效益、有系統的培養學生的寫作力，在學生寫作文之前，必須讓學生有充足而完整醞釀的過程。根據作文題目的要求，慢慢的發酵，慢慢的思考，慢慢的觀察，慢慢的立意構思，慢慢的選材布局。等一切條件都準備妥當，醬油發酵完成了，才能發揮醬油的作用；文章醞釀成功了，才是進行寫作的時機。

三、駕訓班理論：分項練習，最後統整

滿十八歲才能學開車。學開車，考駕照，這是給沒有開過車的人，循序漸進的訓練。以駕訓班新手考駕照來比喻新手學作文，就可以恍然大悟，我們教作文與學作文，就是缺少了蹲馬步的作文基本功。

如果第一次學開車，像我們經驗中的第一次寫作文，那駕訓班教練只要把鑰匙交給學開車的學員，要學員自己開就行了。大家想想，這樣學開車，什麼時候才考得上駕照呢！開車技術要有專業的教練啟蒙，作文不也是一樣嗎？

參加駕訓班的人都是像以下這樣學，駕訓班教練也都像以下這樣教。教練教完全不懂開車的學員，先分項教，最後再統合連結。先一樣一樣來，第一課先教路邊停車，然後接著分別是倒車入庫、上坡起步、瞬間加速、前進S型、倒退S型……等每一個開車的步驟、環節，統統嫻熟了，然後駕訓班教練才要求學員，像一節車廂接一節車廂，一個接兩個、兩個接三個、三個接四個……最後才讓學員從第一站開到最後一站，不斷練習，等到技術本位十拿九穩，就去應考。經過這樣踏踏實實的學習步驟，大部分都是一次就通過考試，順利拿到駕照。

作文也是如此，先分項練習，以運思的步驟而言，審題、立意、構思、選材、布局，一個一個分解練習，然後再串起來整合訓練。以各種文體而言，描寫文、記敘文、抒情文、說明文、議論文，都可以針對各種文體進行細部分解，一個一個鍛鍊作文的基本功夫，最後再全面統整組織。經過這樣踏實訓練的結果，作文第一步——立於不敗之地，就煉鐵成鋼了。

● 笨先生的作文教學策略（二）

本書是以小學中年級以上，延伸到國中到高中，甚至於社會人士，做為入門學習而設計的。如果你更講究踏實，以下還提供了配合課本的參考習作，學習從一個字、一句話、片段寫作到完整篇章，實際操作的範例。你可以在這個基礎上，根據學習對象的需求，做多元設計。

一——從「一個字」開始

（一）「愛」就是……

1 愛就是阿嬤開心的說：「乖孫……」

2 愛就是考試考壞了，媽媽對著我說：「盡力就好啊！」

3 愛就是阿公阿嬤手牽手走在河堤邊。

4 愛就是爸爸下班從來不喊累的神情。

5 愛就是天真無邪的小妹妹幫爺爺搥背。

6 愛就是背著弟弟當狗爬，祖孫笑呵呵的場景。

7 愛就是努力逗著小貝比笑的奶奶，那渾然忘我的眼神。

8 愛就是推著身障同學上洗手間，一天又一天。

9 愛就是歷久不衰的絕唱，令人一再回味。

10 愛就是一種磁場，吸引著周遭的事物。

11 愛就是清晨的第一束陽光，永遠那麼的耀眼。

12 愛就是打開牢籠的鑰匙，讓我們的心能在天空自由飛翔。

13 愛就是家人為你做的便當，一杯熱茶，一些充滿心意的小東西。

14 愛就是作曲家奏出的音符，畫家塗上的顏料，作家寫出的文字。

15 愛就像是一條「思線」，寄託著無數的思念。

(二)「美」就是……

1 美就是自然，美就是純潔。

2 美就是阿嬤臉上深深的皺紋。

3 美就是一隻狗和一隻貓咪在地上打滾玩耍。

4 美就是媽媽專心做菜的神情。

5 美就是在夕陽西下中，一對老夫妻在樹蔭下，聊著過去的人，滄桑的事。

6 美就是打從心底的會心一笑。

7 美就是在黑白鍵之間，舞出繞梁三日的歌曲。

8 美就是人們心中的一潭水，輕輕的碰觸，就能產生陣陣漣漪。

9 美就是大自然的一草一木所流露出來的盎然生機。

10 美就是快樂的心，永遠綻放笑容。

11 美就是讓自己自在，也讓別人覺得舒服。

12 美就是人與自然交織在一起時，取得平衡的和諧。

13 美就是心靈簡單，在滾滾紅塵中保持一顆清心。

14 美就是乾淨清涼的山水，能夠洗淨我們身上庸俗的氣息。

15 美就是擁有片刻閒暇。靜靜的坐在大自然的懷抱裡，讓心靈上的疲憊釋放，聆聽四周天籟，徜徉在自然中。

二——以「一個詞」開始：「快樂」就是……

1 快樂就是父母健康，兄弟和睦。

2 快樂就是做真正的自己。

3 快樂就是充實的過每一天。

4 快樂就是知道自己一直在努力。

5 快樂就是心放下了。

6 快樂就像在那乾旱已久的土地降下甘霖的滋味。

7 快樂就是遊子在他鄉能感受到家鄉的味道。

8 快樂就是願意關心別人的喜怒哀樂。

9 快樂就是一片雲，能漫遊天際，自由的變換自己。

10 快樂就是四海為家，無拘無束。

11 快樂有時不用太複雜，簡簡單單的凝視遠方就夠了。

12 最極致的快樂就是能夠與別人分享幸福。

13 快樂就是每一刻尋找當下的幸福。

14 快樂就是在寂寞的角落，驚見好友張開雙臂。

15 快樂就是以自己的堅持走完一生。

16 想做快樂的歌手，就是放心的唱。

17 快樂是娉婷的彩虹，那麼的自然、靜謐。

18 快樂就是把握簡單的美好。

19 快樂就是臉上不自覺的掛起微笑。

20 快樂是擁有一個避風港，當你難過時，可以得到安慰；當你徬徨時，會指引你方向；當你成功時，會給你祝福。

三──以「一句話」開始

（一）以「○○就是○○的○○。」做為照樣造句的練習。

例句　**活著就是幸福的基礎。**

1 平安就是滿足的起點。

2 努力就是成功的保證。

3 孝道就是齊家的根本。

4 尊重就是倫理的竅門。

5 關心就是真情的流露。

6 奮鬥就是機會的創造。

（二）以「其實○○什麼都○○，有○○○○○○最○○。」做為照樣造句的練習。

例句　**其實人生什麼都不缺，有健在的父母最幸福。**

1 其實人生什麼都不缺，有孝順的子女最滿足。
2 其實人生什麼都不缺，有知心的朋友最快樂。
3 其實人生什麼都不缺，有貼心的學生最欣慰。
4 其實學習什麼都別怕，有課前的預習最妥當。
5 其實學習什麼都別怕，有專注的聽講最實在。
6 其實學習什麼都別怕，有老師的訣竅最放心。
7 其實生活什麼都不難，有健康的心情最愉快。
8 其實生活什麼都不難，有踏實的態度最可靠。
9 其實生活什麼都不難，有進取的信念最具體。

（三）以一組長句，做為照樣造句的練習。

例句　**一天很短，短得來不及擁抱日出的朝雲，就必須送別夕陽，嘆惋中走入漆黑了。**

1 一天很短，短得來不及親吻羞澀的清晨，就已經手握黃昏，驚惶中手足無措了。

2一月很短，短得來不及編織月初的美夢，就已經驚逢月末，徒然中浪擲韶光了。
3一年很短，短得來不及細品初春的綠意，就必須飲冷寂冬，淒切中苦吟寒意了。
4一年很短，短得來不及細數情感的珍珠，就已經各分東西，不捨中分道揚鑣了。
5一生很短，短得來不及編織美麗的夢想，就已經白髮蒼蒼，遺憾中走入老年了。
6一生很短，短得來不及享盡美麗的年華，就必須收拾歲月，轉瞬中向晚遲暮了。

四──以「一個修辭」開始

就寫作而言，比喻是一種重要的技巧，以下五則資料，是不同作家對「生命」的不同比喻，他們除了採用「生命像（是）□□」的表達方式，並對這種比喻做了進一步的描寫。請以「生命」為題，進行仿寫。

1「生命好比一只箱子，這箱子很小，裝不下太多東西。」（王鼎鈞〈旅行箱〉）

2「生命是那麼瞬息而不留痕跡，像是淌下玻璃窗的一滴雨。」（鍾玲〈竹夏──雪湖書簡之一〉）

3「生命像個鐘擺，不得不開始，不得不在死亡與疲倦之間擺動，然後不得不停止。」（簡媜〈陽光不到的國度〉）

4「到如今我仍堅持：生命應該像鞭炮，噼哩啪啦一陣就完了，有聲勢、有繽紛、有壯烈，也有淒美。」（張拓蕪〈老！吾老矣〉）

5「生命是一個古怪的盒子，打開或關上，彷彿不由自主。然而在裡面，我們卻可以任意蒐集我們一些此起彼落無數的煙花。」（喻麗清〈盒子裡的黃花〉）

「生命」參考習作

1 生命像日曆，一天撕去一頁，總有撕完的一天。

2 生命是一本書，內容必須自己寫。

3 生命是裝著電池的手電筒，電池沒電了，就漆黑一片。

4 生命像川劇變臉，還來不及看清楚，就已經完成演出了。

5 生命像一枚銅板，你得到它的正面，也會得到它的反面。

6 生命像一趟旅程，不論是羊腸小徑或是繁華都會，都會有美的饗宴。

7 生命像臭豆腐，有令人難聞的臭味，也有叫人欲罷不能的美味。

8 生命就像行走的雙腳，有人穩健，有人蹣跚，盡力就好。

9 生命是一面黑板，不斷被注記，不斷被擦拭，都要默默承受。

10生命像是一碗白飯，仔細咀嚼，米香就會慢慢浮現。

11生命有如時鐘，不斷往前行，即使累了，也不能站在原地喘息。

12生命像一枝鉛筆，愈削愈短，但可以為自己留下字跡，無論精采與否，都是曾經。

13生命像月亮，有陰晴、有圓缺，得失不斷變化。

14生命好比拼布，拼拼湊湊、縫縫補補，有的看似完美，卻不如意；有的看似殘破，卻很順遂。

15生命就像投手握住的那顆球，不到落地的那一刻，無法評論精不精采。

16生命像一場戲，管它喜劇、悲劇，盡情演出就是好戲。

17生命就像打高爾夫球，用力一揮，又高又遠，卻不一定落在對的點。

18生命像是橡皮筋，一旦斷了，什麼也都綁不住了。

19生命像一首歌，唱得好，可喜；認真唱，可貴。

20生命是一條望不盡的長河，有時暗潮洶湧，有時平緩無波，有時蜿蜒跌宕，有時千里直瀉，只要掌穩信心的舵，就不怕到不了寬闊的海洋。

五——從「照樣造短文」開始

在尋常的生活當中，其實我們常常不自覺觀察周遭的人物，不管是高矮胖瘦，男女老少，認識或不認識的，親近或疏遠的，芸芸眾生，每個人都有他們各自的模樣。

請參考引文，以一個旁觀者的角度，進行客觀的描敘，題目：「那人在……」。寫一篇以記敘人物為主的短文，字數在一百字至三百字之間。

引文　以張曉風〈那人在看畫〉為例——「那人在看畫——他在看畫，我在看他。他的額頭特別凸出，所以在他傾身看畫的時候，額頭幾乎要碰到畫上去了。他看畫的表情顯然是喜悅的，喜悅中他左顧右盼，和在場人士打招呼，並且微微有幾分羞赧……」

寫作說明　這是一篇「文章仿寫」的設計，屬於半命題作文，只提供一半的寫作條件，另一半的關鍵主題，交給寫作的人決定。

習作1　**那人在望著竹籬笆**

不知情的人會以為外婆總是喜歡望著竹籬笆，至少我是這樣。每次跟媽媽到苗栗外婆家，外婆經常在田邊，不是在一畦一畦的菜圃裡，就是在那兩棵老芭樂樹下餵雞。在回屋子之前，外婆都會在竹籬笆邊停一會兒。有一次我告訴媽媽我的新發現：「外婆是不是精神有問題，她總是在竹籬笆前失神望著……」媽媽把我拉到一旁，低聲說：「不可以在外婆面前說，以後也不要再問了……」我說：「為什麼？」媽媽聲音壓得很低：「外婆在思念死去的外公……」（國小生參考作品）

習作2 那人在偷玩手機

右手包著繃帶的爆米花，上禮拜一在走廊被隔壁班正在狂奔的大漢仔，撞了一下，手臂就扭傷了。今天體育課，他跟老師請假，窩在鳳凰樹下，大家正在跑規定的兩圈操場，氣喘吁吁。他右手遮住上半身，身體斜靠在樹幹上。

老師沒看他，他的眼睛老是盯著老師的動態，身體隨著老師的方位而移動。左手很笨拙的點撥，感覺他是慌張，又好像是懊惱。頭上下左右轉得厲害……沒多久，遠遠看到爆米花站了起來，長得高高的導師，不知什麼時候閃到他背後，好像在責罵他。他最討厭學生不老實，最討厭學生滑手機……下一個鏡頭，爆米花交出了手機，一高一矮，畫面停格。（國中生參考作品）

習作3 那人在下棋

仲夏午後，空氣中翻滾著熱浪，惱人的蟲鳴聲不絕於耳。冰品沁涼，直冒著煙，所有的人都渴望進屋裡，擁抱一壺冰茶，讓甜膩的霜淇淋滑進熾熱的喉尖。

一位七句老翁，微皺眉頭，冷峻的臉龐，瞬間冰凍庭院一角。「啪！」白色棋子輕輕落在棋盤上，盤面上黑白雙方各占一角半邊，看似局面平衡，其實不然。一邊夾著黑子的手頓住了，思慮良久，磨蹭於食指與拇指間。

突然，一陣驚天動地的笑聲，劃破午後大地的天籟：「哈哈哈！小毛頭終究不是彭老爺的對手！」看著老爸得意，我沒有挫敗，嘴角停留一抹淡淡的微笑。（彭盈綺）

習作4　那人在打蚊子

紅腫刺痛難耐，一顆顆「紅豆冰」是蚊子撒野的鐵證。蚊子大軍下了戰帖，前一刻悠哉閒適的好心情，瞬間逆轉。那人準備打蚊子。

「蚊不犯我，我不犯蚊。」是他的堅持。雷池既越，人蚊大戰，一觸即發。

撩起衣袖，集中精神，進入備戰狀態。眼觀四面，耳聽八方，他雙眼像雷達掃視，雙耳直豎聽聲辨位，雙腳微蹲，雙掌併攏，聽風吹，看草動。

蚊機戰鬥大隊，嗡嗡乍響，進入他的領空。隊形忽高忽低，忽左忽右，俯衝、急轉、逆襲、佯攻，暗空中畫出一道道造型各異的弧線。大軍壓境。

只見他，不動聲色，冷眼凝視蚊軍夜襲，「啪！」「啪！啪！」「……」快狠準，死傷慘重的

死傷慘重，落荒而逃的落荒而逃。手中一灘灘血紅，將月色染腥了。（李幸紋）

習作5　**那人在挑戰**

專注的眼神，散發著勢如破竹之狀，眉宇間透露著千軍萬馬的氣概，嘴裡喃喃：「這個我也會！」那小孩在堆積木。

小小的身軀醞釀著猛虎出柙的眼神，她肥嫩的稚指捏起積木，一個、兩個、三個，以不穩、搖晃的次序堆疊，「砰！」積木倒了。「哇……」她哭了。

順勢，找人安慰，哭畢，再入競技場……眼見堆起堆落，她不再哭，偌大的廳堂，「叩叩叩，砰！」「叩叩叩，砰！」規律的旋律，規律的挫敗，在規律的耐心之後，落幕。

「你看！」稚嫩的臉上洋溢著奕奕神采，大大的眼眸透視著喜悅之情。迫不及待的赤子之語迴盪在屋中，那人在挑戰。然後，長大。（賴品伃）

習作6　**那人在洗衣服**

她站在水槽前，仔細端詳手中白襯衫胸前的汙漬。她在水槽裡放點水，浸溼襯衫後，抹上肥皂開始搓洗，雙手有節奏的一前一後來回搓揉。泡沫如湧泉，不斷往上堆。將泡沫沖掉之後，她看著汙漬處，皺眉、輕嘆……

重新抹上肥皂，她拿著刷子狠刷那塊淺褐色，刷完正面刷背面。當她再度沖掉泡沫，拿著襯衫站在陽台上，看著依然明顯的淺褐斑，輕咬著下唇，拎著錢包，匆匆出門去了。

入門時，她的手裡多了一瓶漂白水，她重新站回水槽前，小心翼翼倒了半瓶蓋，似乎不太放心，又拿起瓶身仔細閱讀，然後下定決心，將漂白水直接倒在汙漬上。她的眼眸盯著那一塊衣料的變化，眉頭漸漸舒展開來，而當她的視線移到更上方，忍不住伸出食指撫摸上頭繡著的名字，嘴角也微微上揚了。　（蕭秀緞）

習作7　那人在奔跑

溫暖的陽光穿過樹梢，灑落在綠油油的草地上，清涼的風撥弄著樹葉迎面而來。這寧靜的時刻，被一陣輕巧腳步聲劃破，腳步聲伴隨著愉悅的笑聲，在翠綠草地上沙沙作響。那人在奔跑。

那人迎著風，在柔軟的草地上，一圈又一圈的跑著，似乎想跟風較勁，風走在前頭，他失望的停下腳步，汗水從他的額頭緩緩沁出。抬起頭，定睛望向天空，他看見了低空盤旋的鷹，他決定繼續奔跑著，與鷹一起翱翔天際。

突然一個踉蹌，他彷彿以五體投地的方式向高貴優雅的鷹致敬，而鷹也以響徹雲霄的啼叫回應。待致敬的儀式結束，縱身起立，拍拍草屑和塵土，他準備好進行下一個奔馳，奔向一個溫暖安全的懷抱。

他天生愛奔跑，奔跑時如御風而行的鷹。（謝璟婷）

六——從完整篇章開始——文章仿寫

所謂精采的文字，除了語言須錘鍊，技巧須講究外，其描繪具體事、物，則鮮明而生動；摹寫抽象情、思，則細膩而雋永；並且往往情景交融，互相烘托。

下文選自楊牧《亭午之鷹》〈紐約日記〉，雖短短五百字，卻頗能符合這樣的標準，堪稱精緻動人。請仔細閱讀、品味，以「窗外」為題，另寫一篇文章，文長不限。

提示

1 須點明「時間」與「空間」。

2 須有具體的景象以及自己的興懷感悟。

3 不可亦步亦趨模仿原文。

4 所謂「窗」，可以是任何形式的窗，如天窗、車窗、教室的窗或監獄的鐵窗等等。

我把窗簾拉開，簾後還有一層帆布帘子。我隨手抽那繩索，布帘一抖向上衝去，眼前亮了，天光照了進來。

窗外正是中央公園。隆冬落盡葉子的樹林從腳下向遠處伸展，呈現一種介乎枯槁和黃金的光彩，在寂寂停頓中透露無窮生機。公園西東兩條大道的巨廈連綿起伏而去，俯視那片樹林。天空是灰中帶著微藍的顏色。早晨八點鐘，也許正逢上星期天，你會覺得紐約是死靜的，好像剛經過一場政變，悄悄然甚至還有點不安或恐怖，人們在屋裡等待觀望，不知道應該做什麼，不知道如何處理這整整一天的時間。

從十六樓向下望，路上幾乎就是空曠的。紅綠燈還照常閃動。對街有兩座銅像，都是騎者之姿，耀武揚威的樣子，發散著古舊的綠鬱，軍帽和馬蹄構成一種可笑的角度，頡頏均衡。那騎者的長刀下指，我集中精神朝那方向看去，刀尖下兩個男子圍著一個大鐵桶在跳動，桶裡生了一盆多煙的火，大概是昨天的晚報或早報，從垃圾箱裡撿來的。他們將報紙點上火，就站在鐵桶邊取暖，縮著脖子搓手，不時還跳著，並且說話，但我聽不見他們在說什麼。那火旺燃燒上片刻就弱了下來，他們輪流到街邊的垃圾箱裡去掏拿，一疊一疊報紙扔進桶裡，白煙突突冒升，在早晨冰寒的公園一角，銅像騎者的刀尖之下。

早起的鴿子零落的飛來。

鴿子又停在廣場上，毫無聲息。

參考習作

習作1

說是窗外，其實我要說的是對窗人家的故事。我們都住四樓，對面人家和我們只有幾公尺的距離，兩戶人家的窗戶正面相迎，他看我們清清楚楚，我們看他們家也是一眼就能望穿。

晚上七、八點，隔著鐵窗，他捱著窗子寫功課，一眼看過去，總是被東西遮著的感覺。我們家沒裝鐵窗，彼此偶爾會用眼睛打個招呼。剛搬來沒多久，我叫不出他的名字，長得很帥氣，有點皮皮的。

每個禮拜二晚上，有個中年大叔會來給他上英文課，好像是補習，但這位老師總是大吼大叫的，也不管孩子的媽媽在旁邊。有一天，同樣是吵吵鬧鬧下課，他送老師回家，我跟媽媽一起倒垃圾。我說：「你老師好凶喔……」他沒答腔，表情怪怪的。倒完垃圾後，媽媽低聲跟我說：「那是他爸爸！爸爸媽媽沒住一起……」

從那一晚起，我從窗外看他的時候，就特別感覺他的孤單。他叫什麼名字？讀哪一班的？

有機會想問問他。今晚他又被罵了，教授媽媽似乎更兇……窗外忽然冷了起來。（國小六年級參考作品）

習作2

窗外的雨滴滴答答的，我摸著小黃，說什麼也不再欺負牠了。

小黃，是我姊姊領養的流浪狗。領養回來那一天，全身髒兮兮的，還有一股臭味，我非常不喜歡。我一直很排斥牠，牠似乎也懂得，看我的眼神顯得很惶恐，閃閃爍爍的。總之，牠對我也很不友善。「你對牠好，牠也會對你好」，這是姊姊告訴我的。姊姊說：「小黃在外面流浪，很可憐，我們一起養牠，好不好？」我只好答應了。

可是小黃長相不好看，說是小黃，其實一身毛是混雜的，右耳朵上緣還缺了一塊，實在長得好醜，跟隔壁漂亮的瑪莉有天壤之別。趁姊姊不在家時，我常常修理牠。牠偶爾也會報仇，咬我的襪子、書包。

有一次，牠在我的體育服上撒了一泡尿，把我氣死了。當天晚上，趁著家人還沒有回家，我把小黃拉到很遠很遠的地方，大概有十條街以外。回到家沒多久，外面下起了傾盆大雨，爸爸媽媽回來了，姊姊也回來了，問小黃呢？我裝不知道，牠跑了，說狗鍊在這兒。姊姊哭了起來，打著傘就往外衝，雨下得很大。我很自責，牠才七個月大，我竟然狠心……後來姊姊很沮喪的回家。雨依然下著。

到了九點多，雨聲小了，木頭門有扒抓的聲音。姊姊機警，急著往門口跑，我站起來從窗外瞧。哇！小黃回來了……全身溼答答的，小黃回來了……

（國中生參考作品）

習作3

我搖下車窗，望著窗外那寧靜的景象，一望無際的農田映入眼簾。

我乘著父親的車在田野裡放鬆。對我來說，農村的每件事物都是新鮮的。農田中的收割機嘎嘎響著，但一旁卻有隻白鷺鷥駐足休息，一派輕鬆。我好奇的向前看，才發現那台收割車反而映出周圍的寧靜，而那隻白鷺鷥就像是稻草人，或許牠是農夫派來的小衛兵吧！

田野中的稻葉也甚是有趣，當我從窗子往外看見大片的稻葉被風一起吹動時，我心中甚是震撼，看著一波波綠浪而來，讓我對這些小小綠士兵感到非常欽佩；那一致又整齊的敬禮，使我覺得自己就像指揮官一樣，好不得意！

農村之旅也隨著窗外情景，逐漸轉回高樓大廈而告終。我不禁手足無措，茫茫不知如何是好，也不知何時才能回到那悠閒的農村。希望下次再訪農村之時，我不只是由窗內往外看，而能

夠跳出空間的限制，與大自然做最直接的接觸。（國中生參考作品）

習作4

破了，打碎了。平常鮮豔的紅、橙、黃、綠、藍、靛、紫，教堂一片片的彩繪玻璃窗、令人無法捉摸的萬花筒，碎片散落一地，世界是黑白的。

睜開眼，發現自己身在醫院，右眼裹著紗布，「整修中」，這扇窗上寫著。這些日子，我只看得見夕陽而非朝陽，看得見死亡而非新生。這扇窗外發生了什麼？我擔心睜開眼會發生的每一件事：無法正常生活、同學和家人的眼光……沒有勇氣去回憶事情發生的經過，更沒有勇氣面對窗外的一切。苦悶的日子總是過得特別慢。

總算到了拆紗布的時候，也是要面對現實的時候。模模糊糊、迷迷濛濛，像是加了一面礙眼的窗簾。晴天成了陰天、陰天成了雨天、雨天比雨天更像雨天。鮮豔的色彩不再鮮豔，只有在黑暗中才會騙自己，騙自己是個正常人。

窗外的世界是美麗的，是無法預測的，是令人難以接受的。不論事實是什麼，窗戶就是窗戶，所以，用心去感受吧！（國中生參考作品）

習作5

灰濛濛的天空，灰濛濛的海洋。窗外的景物不停步，只有那片海洋靜坐著，觀望著橘白相間的火車向北方馳騁。

在火車內的我，與同學、領隊把握畢業旅行的最後一程，在撲克牌較勁之餘，不時望向窗外，太平洋的面貌讓我在旅途的尾聲又跌入滿滿的回憶裡。

同樣是灰濛濛的天空，但大海卻散發出湛藍的色彩；同一群人，擁有不一樣的情緒。抱著興奮的心情，期待旅程與大自然碰撞激盪出的火花。在旅途的開始，就一古腦兒栽進太平洋的懷抱，鮮少接觸大海的我，見到一望無際的太平洋，雀躍之情，溢於言表。

向窗外眺望遠方，海天連成一線，灰色的天空在海洋塗上陰鬱的湛藍，但抹上舒服的藍綠色，鋪上了亮粉，太平洋就在微弱亮光的照射下閃耀著。靜躺著的太平洋，享受海風拂過臉頰的清涼，也任由它吹拂自己的白色衣襬。一波波海浪匍匐著，準備攻下岸邊每一道縫隙，搜刮戰利品，歡樂的返回大海。而我們也要像那海浪般，湧進後山，並帶著美麗的回憶與滿足返回台北。

灰濛濛的天空，灰濛濛的海洋。憶起這四天快樂的回憶，我微笑著，太平洋也跟著笑了。橘白相間的火車載著滿滿的回憶，與太平洋道別。

（高中生參考作品　楊宗燁）

習作6

屁股一空，巨大的鐵鷹航向天際，我在回台灣的班機上。去年春天，結束九天的參訪，準備離開北京。何其幸運的，坐到了靠窗的位子。

眼下宛如世界上最大的工地，一幢幢裸露的鋼骨結構，一根根高聳參天的煙囪。俯瞰，提供有別於身陷其中的宏觀視野，客觀的讓我見識到北京成長的迅速。城區一環一環的計劃擴大，古老的文化準備融入嶄新的世界級都會區。

心頭猛然一震，轉瞬間進入窗口的是破敗的鄉村。碎裂的插著簡陋的農舍，斷垣殘壁似的三合院，沒有一絲台灣農村閒適的氣息以及樸實的景色，遑論歐洲鄉間如詩如畫的田園風光。低頭自忖：「何以一隻即將躍上天際的巨龍，有如此陰暗的一面？此景究竟是特例嗎？」北京四中同學沉重的肺腑之言滑進我的腦海：「我們政府對城市學生投入的精力和鄉下的差距，遠超過眾人的想像。」

遠離文明的喧囂，綿延不絕的山巒展現恢宏的氣度。攀上雲端，無盡的雲海給人飄然置身於天堂的幻想，雲彩柔和的色調暈開在天空畫布上，絢麗的色彩變幻讓人目不暇給。飽足了仙境般的視覺饗宴，稍作沉澱的思緒，終於能整理北京行的點滴，及窗外所見的中國。

望向窗外，標誌的不是受限的視野，取而代之的是保持距離的客觀眼界。飛機上的窗外尤其特別，獨特的高度讓人覽盡一切，脫俗的景色令人心曠神怡。接繼身心徹底放鬆而至，是清晰練達的思路，檢視這不可多得的上乘體驗。

（高中生參考作品　林晉毅）

七——「看電影學作文」——以電影開始作文教學

故事簡述：《那山那人那狗》——充滿生命感動的電影

《那山那人那狗》（*Postmen in the Mountains*），發行於一九九九年。根據彭見明的短篇小說〈那山那人那狗〉改編而成。一九九九年獲得最佳影片獎。

電影中描述一個即將退休的老郵差，在湖南深山裡送了一輩子的信，在面臨腿疾而不得不退休之時，他的兒子主動繼承了這份工作。由於兒子工作才第一天，老郵差不放心讓不熟悉郵路的兒子獨自上路，於是決定陪同他，又一次踏上山路，提供他走郵路的經驗。另一方面，也割捨不下各個山村與他相識幾十年的村民，於是決定帶著長年跟隨他的忠狗，陪著兒子走這第一趟（也可能是他生命中最後的一趟）。

這段徒步在壯闊山林、青翠田野的旅程，反映了家庭、親情、社會觀念的改變與衝擊，兒子與父親之間所存在的代溝、牽絆、融合，凸顯出的微妙變化，風格清新簡約而細膩含蓄。這一趟旅程，不僅讓這對父子有了相互了解的機會，也讓兒子親身體認到父親幾十年來之所以持守這份工作的原因，並且開始對父親生起尊敬之心。雖然內容不免沉重，但穿插其中父子間交流的小片段，溫馨可人，可圈可點。兒子在學習如何工作的同時，更多的是學習他的父親，那些他從未意識到的，亮閃閃的人生價值。

看完《那山那人那狗》這部電影，要求學生分項整理出記敘、寫景、抒情三部分，最後仍以「那山那人那狗」為題目，以自己的文字寫成簡要的故事。

一、記敘

1 父親仔仔細細的將我整理好的郵件，又掏了出來重新整理一遍。

2 我家的那條老狗「老二」不肯跟我一起出門，父親絮絮叨叨的對著狗說，自己退休不走山路了，要老二給我帶路，陪我作伴兒。其實我都那麼大了，可以自己走的。剛踏出門，「老二」不跟了。

3 父親硬要陪著我走一趟，還挺彆扭的。

4 媽自己一個人在家，還真不放心，只好請託許萬昌幫忙照顧。

5 石板階梯上只不過一時沒注意到對向來的人，就被父親趁機教訓了一頓，好像我真的無法把事情做好似的，我有我的方法嘛！有他在，就算背著那麼重的郵包，想休息也不敢休息，真夠受的。

6 臨出村，村民們圍了上來，父親說是來看我的，「這是我兒子，以後就由他來跑這條郵路了。」鄉親們又一直送到村門口，我知道，他們是來送我爸的。

7 爸跟媽也是在送信途中認識的，媽扭傷腳困在山上，爸還英雄救美呢！

8 到了寒婆坳，爸交代著每次送信的流程，他對各家的狀況瞭如指掌。還特地送了一封信給瞎眼的五婆，信上貼著郵票，裝著一張十元鈔票跟一張沒寫字的白紙，爸卻煞有其事的唸起五婆的孫寫給五婆的信來，以後，這封信就得交由我來唸了。

9 原來有條好路，下雨沖垮了，我跟爸只好拉著繩一步一步爬上去。

10 走過了大河，在路上的長廊裡歇息。風太大了，將郵件吹了一地，爸跟老二在長廊裡跑啊跑，好不容易將全部的信件撿回。

11 明天就到家了，我跟爸在昏黃燈光下，細細整理著要送出的信。

二、寫景

1 蓊鬱的山林裡，小小的一塊平疇，黃土小路通到我那開著暖燈的家。

2 灰黑的天空襯著屋角，天還早著呢！出發的時候才聽見雞鳴。

3 跨過村門口那座小橋，每回媽總是帶著我站在那兒等父親回來。

4 黃土小路一直走，怎麼好似沒有盡頭。

5 路旁的草叢比人還高，跟父親一起走著。

6 又經過了直條條的竹林，好不容易進了村。

7 走過了山邊，那峭壁一樣的山就垂直聳立在我們身邊。

8 山脊上，響著〈驛動的心〉的旋律，心情放鬆了，跟爸也有話講。

9 廣袤的大稻田內，垂著黃澄澄的稻穗，裡頭有位姑娘笑得甜美。

10 山裡的樹叢間靜靜流淌著一條溪，山裡的水很僵冷。

11 紙飛機飛啊飛，飛在大山裡，自由自在的神態……

三、抒情

1 要走長長的山路，雖然心裡沒底，但「一回生，二回熟」嘛！況且當郵差是領國家薪水，接棒跟在外面工作可不一樣，我們家一定得有個人當公務員。

2 好不容易休息了，不知要跟父親說什麼，倒也有趣，我們兩人一起問了對方「累不累」。

3 小時候很少看見父親，總是很生疏，很難跟他親近，很怕他，連「爸」都很少叫一聲。

4 走著走著，父親一直沒跟上來，我往回找。愈找愈著急，怎麼沒見到人，只見到老二！幸好爸緩緩的走下階梯，讓我舒了一口氣。結果為了找他，把郵包丟在路旁，讓他發了好大一頓脾氣。

5 原本以為對各村而言，郵差是不可或缺的，沒想到等了半天才有人來收信，心中自忖「我不來也行」之感。

6 進了村，村祕書說起村裡其他公務員都高升了，只剩下父親一直走著這條郵路，一瞬間，我有好多不捨。

7 出門在外的人總是顧不上想家，倒是家裡的人更牽掛著他。

8 只有在三口人都聚在一起時，媽笑得最開心。

9 兒背得動爹，兒就長成了。

10 人的心其實比腿還累。

11 爸抽著菸看著我，他躺在我身邊寐著。

參考習作

那山那人那狗

蓊鬱的山林裡，小小的一塊平疇，黃土小路通到我那開著暖燈的家。今天我第一天上工，要接續父親當郵差的棒子，送信來回三天，每天八十里的路！父親將我整理好的郵件又掏了出來仔細細的重新整理了一遍，又絮絮叨叨的交代我家的老狗——老二，說自己退休不走山路了，要老二給我帶路，陪我作伴兒。其實我都那麼大了，可以自己上工的，走長長的山路雖然心裡不甚踏實，但「一回生，兩回熟」嘛！況且當郵差是領國家薪水，接棒跟在外面工作可不一樣，我們家一定得有個人當公務員。

灰黑的天空襯著屋角，天還早著呢！出發的時候才聽見雞鳴。剛踏出門，父親就硬追上來說要陪我走一趟，這可挺彆扭的，且媽自己一人在家該怎麼辦呢？幸好已經先託了村裡的許萬昌照看著家。

胡思亂想的走著，踩在石階梯上只不過一時沒注意到對向來的人，就被父親趁機教訓了一句：「要向右側身」，好像我無法把事情做好似的，說來說去，還是只有老二最了解父親了。小時候很少看見他，總是感覺生疏，難以親近，甚至有點怕他，連「爸」都很少叫一聲。休息的時候、趕路的時候，總是不知要跟父親聊什麼，頂多只能問一句「累不累」？

又經過了直條條的竹林，好不容易進了村，父親一路上介紹我是他兒子，老二叫了半天，村祕書才來收信。說起村裡的公務員都升遷了，只剩下父親還走著這條郵路，一瞬間，我湧起很多不捨。臨出村，村民們圍了上來，父親說是來看我的，「這是我兒子，以後就由他來跑這條郵路了。」鄉親們又一直送到村門口，我知道，他們是來送我爸的。

走過了山邊，那峭壁一樣的山就垂直聳立在我們身邊。在山脊上，聽著〈驛動的心〉，心情放鬆了，才知道原來爸跟媽也是在送信途中認識的，媽扭傷腳困在山上，爸還英雄救美呢！到了寒婆坳，爸交代著每次送信的流程，他對各家的狀況瞭如指掌，還特地送了一封信給瞎眼的五婆，信上貼著郵票，裝著一張十元鈔票跟一張沒寫字的白紙，爸卻煞有其事的唸起五婆的孫寫給五婆的信來，以後，這封信就得交由我來唸了！看著五婆孤伶伶的身影，不由得想起媽，出門在外總是顧不上想家，但媽只有在全家聚在一起時才笑得開心。

廣袤的大稻田內，垂著黃澄澄的稻穗，裡頭有位姑娘笑得甜美。我們跟著她的腳步進了村。晚上的一場喜酒可讓我見識到姑娘的熱情，在動人的侗族歌謠中，我們在營火堆旁舞了整晚。隔日一早又啟程，這日走在彎彎曲曲的公路上方，看著那快速前進的巴士，為什麼我們不能坐車送信，非得走路？爸卻堅持踏踏實實的踩著郵路，一步一腳印才叫送信。但他有時也會過溪抄近路，山裡水冷，落了個腿疼的毛病，這次，就讓我背爸過溪吧！印象中的他，總是高大，這回背著他才發覺老爸竟是那麼輕。老二撿柴來烤火的時候，爸說起了生我的時候他有多麼開心，「爸，該走了」，我不禁笑了起來，繼續趕路。

風大著，老二叫著，山壁上拋下一段繩子，我與爸好不容易爬上山，給東娃送函授讓他念書，他說書念成了，要念新聞系，下次就可採訪我們。「我也沒下次了」，爸這樣說，我默默聽著，就這樣，很長一段路我們沒有再說話。後來，爸問起我是不是喜歡侗族姑娘？我笑了笑，沒回答。不過或許我不會娶山裡的姑娘，怕她會像媽一樣出了大山，卻一輩子想家。

這真是一條難走的郵路。走過了大河，在路上的長廊裡歇息，突然吹起一陣大風，將我整理好的郵件吹了一地，爸跟老二在長廊裡追逐……急奔……「爸，爸，我來！」好不容易將全部的信件撿回。大山裡的日子真苦，大山裡的人除了山，沒有別的，爸卻說：「人有理想，就什麼都有了。」就像郵務上遇到的事多了，就會有幹勁。就這樣，又過了一天。明天就到家了。

明天就到家了，我跟爸在昏黃燈光下，細細整理著要送出的信，一邊談著，「到家後要先去老叔公那兒坐坐，他最照顧我們家，總說你回來也不去看他」、「村長愛貪小便宜，看不慣就閉隻眼，莫要惹翻父母官」、「田裡的活交代給許萬昌了，你就不要再下水」、「媽冬天會咳嗽……」爸抽著菸看著我，他躺在我身邊寐著。我，可算是真的接棒了。

描寫技巧篇

描寫是運用生動的語言，將描寫對象的狀貌、情態等適當描繪出來的一種表達方式。

描寫要求語言生動逼真、描繪細膩具體，只有這樣，才能使讀者產生如見其人、如聞其聲、如臨其境的真切感受。

人物描寫（一）

相貌、動作、神態

●學習主題

所謂「人物描寫」，就是以文字具體描繪出人物的形象。描寫人物，不論是一人或多人，是詳細描寫或是簡略描寫，要注意的不只是指人的身材、體型、容貌、服飾、裝扮，還包括人的表情、姿態、風度、背景、形態、個性、襯托、主客等。描寫人物要兼顧外在和內心世界的描寫，使文章生動，刻劃深刻。這一章所要介紹的主題是「相貌」、「動作」、「神態」等人物描寫的寫作技巧。

●寫作要訣

進行人物描寫時，要掌握住人物的特徵和個性，這樣才能將人物寫得具體化、形象化。一般而言，人物的描寫，可以從人物外貌造型的特徵，來呈現人物的思想、個性，凸顯這個人物的身分地位。所以，在描繪人物時，要考慮到從外型到內在，從身體到心靈的整體勾勒，如此人物描寫才會活靈活現，彷彿在眼前一般。運用準確、生動的文字，描寫人物外型與內在的特徵，是人物描寫的主要任務。

●重點提示

（一）**做正面描寫**　人物描寫一般是根據人物本身做正面、直接的描寫，有時也可運用側面描寫來烘托主角。

（二）**選擇合適的寫法**　人物描寫要根據文章主題、內容的需要，選擇最合適的描寫手法，並不是每一篇人物描寫都要運用所有的人物描寫方法。

（三）**刻劃具體事件**　表現人物往往會透過具體的事件來進行刻劃，但它和完全以記敘事件為主的文章不同。前者記事再多，都是為了做事的「人」；後者則是透過「事件」來反映思想。

●表現技法

一——相貌描寫法

「相貌描寫法」，是指對人物的外貌特徵和穿著打扮等做描寫。每個人的相貌不一樣，要分辨出差異性，不能千人一個樣兒。同時相貌描寫要針對特徵來寫，不用鉅細靡遺、從頭寫到尾。最後，要注意人物在不同情境之下的不同變化，才能栩栩如生、表達得宜。

範例 以葉紹鈞〈春聯兒〉為例——「一天，我又坐老俞的車，看他那模樣兒，上下眼皮紅紅的，似乎喝過幾兩乾酒，顴骨以下的面頰全陷了進去，左邊陷進更深，嘴就見得歪斜。他改變往常的習慣，只顧推車，不開口說話，呼呼的喘息聲愈來愈粗，我的胸口也彷彿感到壓迫。」

短評 凸出的「顴骨」是車伕老俞的相貌特徵，透過顴骨與左右頰的摹寫，加上喝了酒「眼皮紅紅的」，老俞的人物形象就十分鮮明了。

二——動作描寫法

「動作描寫法」，是指對人物的舉止動作等做描寫。動作是一個人物個性的具體表現，一個人的身體會隨著環境的需要，而做出各種富有代表性的動作。

由於人與人之間有著文化、年紀、性別、風俗、習慣、職業等差異；所以，在進行動作描寫時，不能讓不同的人物出現一致的動作，因為這樣就不能表現出人物的個性了。

範例　以朱自清〈背影〉為例——「父親是一個胖子，走過去自然要費事些。我本來要去的，他不肯，只好讓他去。我看見他戴著黑布小帽，穿著黑布大馬褂、深青布棉袍，蹣跚的走到鐵道邊，慢慢探身下去，尚不太難。可是他穿過鐵道，要爬上那邊月台，就不容易了。他用兩手攀著上面，兩腳再向上縮，他胖胖的身子向左微傾，顯出努力的樣子。這時我看見他的背影，我的淚很快的流下來了。」

短評　朱自清描寫老邁的父親，以「蹣跚的」、「穿過」、「爬上」、「攀著」、「向上縮」、「向左微傾」等動作，來刻劃年邁的父親，顯得傳神生動。文末「這時我看見他的背影，我的淚很快的流下來了」，就有很合理的感觸。

三——神態描寫法

「神態描寫法」，是指對人物的神情、姿態等做描寫。在各個不同的場合中，人們的內心世界往往藉著各種神態表現出來，它和相貌描寫的不同點是：相貌描寫重在「形似」，神態描寫則強調「神似」。神態描寫要寫得好，必須有洞悉人物心理變化的敏銳度，細膩的觀察與精心的推敲是必要的。

範例　以曹雪芹《紅樓夢》〈劉姥姥進大觀園〉為例——「賈母這邊說聲：『請』，劉姥姥便站起身來，高聲說道：『老劉，老劉，食量大如牛；吃個老母豬不抬頭！』說完，卻鼓著腮幫子，眼睛直視，一聲不語。眾人先發愣，後來一想，上上下下都一起哈哈大笑起來，湘雲撐不住，一口茶都噴出來。黛玉笑岔了氣，伏著桌子上只叫：唉喲！寶玉滾到賈母懷裡，賈母笑得摟著叫『心肝』，王夫人笑得用手指著鳳姊兒，卻說不出話來。薛姨媽也憋住氣，口裡的茶噴了探春一裙子。探春的茶碗都合在迎春身上。惜春離著座位，拉著她奶母，叫：揉揉腸子。地下無一個不彎腰屈背，也有躲出去蹲著笑的，也有忍著笑的，也有忍著笑上來替他姊妹換衣裳的。獨有鳳姊、鴛鴦二人憋著，還只管叫劉姥姥。」

短評　這一段作者表現了「上上下下都一起哈哈大笑」的情景，但是笑態各有不同；抓緊不同人物的個性，凸顯他們特有的神態，可見作者神態描寫的功力：（一）湘雲撐不住，一口茶都噴出來。（二）黛玉笑岔了氣，伏著桌子上只叫：唉喲！（三）寶玉滾到賈母懷裡。（四）賈母笑得摟著叫「心肝」。（五）王夫人笑得用手指著鳳姊兒，卻說不出話來。（六）薛姨媽也憋住氣，口裡的茶噴了探春一裙子。（七）探春的茶碗都合在迎春身上。（八）惜春離著座位，拉著她奶母，叫：揉揉腸子。

●結語

進行人物描寫，要選擇最能表現人物個性的部分。相貌描寫要抓緊人物面貌的特徵；動作描寫要選取最能代表、最能符合人物的特點；神態描寫要捕捉最能凸顯人物內心世界的神情變化。

總之，人物描寫的要領，是要選取關鍵點，針對獨特的特徵，這樣成功率就比較高。

●寫作起步走

請體會「相貌」、「動作」、「神態」的手法，分別以二百字完成下列各題。

一、請以「〇〇老師速寫」為題，針對他（她）的相貌進行描寫。

二、請以「圖書館男（女）孩素描」為題，針對他（她）的相貌進行描寫。

三、請以「學校的風雲人物」為題，就選取的人物，描寫他的相貌。

四、請以「田間農夫、工地工人……（小人物）」為題，進行動作描寫。

五、請以「伸展台上」或「一次暴力事件」為題，進行動作描寫。

六、請以「說一場相聲」或「爸爸生氣了」為題，進行動作描寫。

七、請以「班會癱瘓了」為題，寫一段神態描寫。

八、請以「○○晚會」為題，寫一段神態描寫。

九、請以「○○○的笑容」為題，寫一段神態描寫。

● 參考習作

一——圖書館女孩素描（相貌描寫法）

她就坐在我斜對面，睜著一雙皎潔明亮的大眼，彷彿透著光，眨眼如波光一閃，澄淨而倏忽。她的小鼻靈巧，像是捏麵師傅輕輕捏成的，配上那雙眼倒也不覺得格格不入。然而最怪的便是那張嘴，太大、太紅豔了，只覺得是黏上去的。我猜想她抹了口紅，因那唇色過度飽和，快要從那張臉躍出來似的。她一頭短髮，長度恰好，髮尾翹起的弧度自然，隨著她每個動作（即使僅是動筆）輕盈的晃呀晃呀！如風中的細草，晃呀晃呀！（李承芳）

二——工地工人（動作描寫法）

溽暑炎夏，他走在蒸騰的泥地上。他嚼著菸草，雙手一拽，一包水泥架到肩上。他用右手環著左手順了一下溼透的髮梢，邁開大步，外八的步伐令人以為他是八家將，那霸氣可真懾人。走過半個工地，他停下腳步，肩膀向上一聳，右手一推，沉甸甸的水泥包「砰！」一聲落地，煙塵四起。他朝地面吐了口口水，嘴裡喃喃幾句，雙手插入牛仔褲口袋，外八的走回工地另一頭，步伐比來的時候小了些，但那霸氣似乎更盛了。（李承芳）

三——老闆娘的笑容（神態描寫法）

一日在早餐店，吃著一樣的培根蛋。對面坐著的婦人突然開口：「啊！怎麼沒看到你女兒？」一陣沉默，只見老闆娘微微垂下頭，嘴角慢慢揚起，浮起淡淡笑容：「她已經走了。」又是一陣沉默。老闆娘邊倒紅茶，邊說：「兩個月了，對，兩個月了……」她的臉頰輕輕顫抖著，那微笑在瓦解邊緣。「怎麼會這樣？我之前來還在欸，很可愛的欸！」婦人話止住，只留著滿臉訝異。老闆娘說：「我現在每天都跟她說話。」說完隨即把外帶餐點拿給客人，給了一抹更燦爛的笑容——那我永遠忘不掉的笑容。（李承芳）

人物描寫（二）

個性特徵、心理、語言、場面

●學習主題

描寫文中，最難寫的對象就是「人」。因為人是最難理解的，我們能了解一個人的經歷，能目睹他的一舉一動，可是很難知道他的內心。如果沒有深入探求他的內心世界，就無法準確展現人物的特徵，而將他寫得栩栩如生。這一章要介紹的是「個性特徵」、「心理」、「語言」、「場面」等人物描寫的寫作技巧。

●寫作要訣

描寫人物，必須精心選擇材料，想要表現好一個人物的個性，必須選擇一些典型的事件。朱自清的〈背影〉，就是運用老年人特有的老邁動作來表現老人的形象。因此，細膩的觀察力，是創造作品不同凡響的要素。其次，描寫人物要往新穎的角度去開拓，不能再引用老生常談、脫離時代脈動的材料。所以，平時要細心觀察、用心體會，要留心新世代人們的精神風貌，才能精確表現當代人的思想性格。

●表現技法

一——個性特徵法

「個性特徵法」，是指針對一個人的個性特徵來進行描寫。不同的人，就會有不同的愛好、習慣和個性。在進行人物描寫的時候，有時候需要針對該人物與眾不同的特點。人物的個性特徵，是透過具體的言行舉止表現出來的。

範例　以〈吝嗇鬼〉為例——「漢朝的時候，有個愛錢如命的老頭。他一生搜刮錢財，積了不少家產，害得鄉鄰百姓，窮困不堪。一天，有個窮漢上門求他借點錢餬口。老頭一口拒絕，然後轉念一想，幾天前曾有人跟他說過：你沒兒沒女，要想辦法積點陰德，做點善事。他似乎豁然開朗了，便走進房間，摸了半天，摸出十枚銅板。他邊走邊喃喃自語：好銅板，好銅板！於是走一步藏一個，走到門口，手裡只有三個銅板了。他悄悄的對窮漢說：我只剩這三個銅板了，全給你了。你別聲張出去，免得其他人也來借。」

短評　描寫吝嗇的個性特徵，從「十個銅板」、「三個銅板」、「別聲張」，刻劃十分傳神。

二——心理描寫法

「心理描寫法」，是指對人物內心世界的描寫。心理描寫的範圍很廣，對客觀事物而產生的看法、感觸、聯想、情緒、幻想等，都屬於心理描寫。人是有感情、有思想的動物，藏在心底的心聲，從外表是察覺不到的。心理描寫正可以表現人物的精神風貌與內心世界。

範例　以〈盼望〉為例——「我倚在窗邊，仰望天空，天上沒有月亮，也沒有星星，眼前是黑壓壓的一片。我的心裡一下子沉重了起來，默默的懇求上天，明天千萬不要下雨。舅舅明天要帶我去釣魚，釣竿買好了，魚餌也準備妥當。我從小在台北長大，吃過魚，但沒釣過魚，我想釣魚一定十分有趣。老天爺，你一定要幫忙，只要撐過明天，以後隨便你下多少天，我都不怪你。」

短評　這是用第一人稱寫自己的心理狀態，這種手法能夠恰當反映出人物的內心活動。

三——語言描寫法

「語言描寫法」，是指對於人物獨白或對話的描寫。語言是人物性格的直接流露，最能直接表現人物的性情和內心活動。人物的語言要注意個性化，人物的年齡、興趣、個性、脾氣……不同，語言習慣就不一樣。因此，描寫人物的語言，要符合人物的身分。其次，人物的語言要適合當時的情境，即使是同一人，環境不同，語言也會不同，表現在說話的語氣、語調，以及說話的方式都會不同。

範例 以魯迅〈孔乙己〉為例——「竊書不能算偷……竊書！……讀書人的事，能算偷嗎？……有幾回，鄰舍孩子聽得笑聲，也趕熱鬧，圍住了孔乙己。他便給他們茴香豆喫，一人一顆。孩子喫完豆，仍然不散，眼睛都望著碟子。孔乙己著了慌，伸開五指將碟子罩住，彎腰下去說道：『不多了，我已經不多了。』直起身又看一看豆，自己搖頭說：『不多不多！多乎哉？不多也。』於是這一群孩子都在笑聲裡走散了。」

短評 在這則人物的語言描寫中，維妙維肖的刻劃出一個迂腐的讀書人形象。

四——場面描寫法

「場面描寫法」，是指在固定場合中一些人物共同活動的場景描寫。由於要對同一時空中一些人物進行描寫，多種事物、人物的活動，場面的廣度就很可觀，是集合環境、人物、動作、語言等的特定組合，這是一種以人為主的綜合性描寫。

範例 以魯迅〈藥〉為例——「……這一年的清明，分外寒冷，楊柳才吐出半粒米大的新芽。……華大媽忙看他兒子和別人的墳，卻只有不怕冷的幾點青白小花，零星開著……她四面一看，只見一隻烏鴉，站在一株沒有葉的樹上。……微風早已經停息了；枯草枝枝直立，有如銅絲。一絲發抖的聲音，在空氣中愈顫愈細，周圍便都似死一般靜……」

短評　以上透過人物活動和春寒景色的描寫，烘托渲染了悲涼感傷的氣氛，感染力很強。

●寫作起步走

請體會「個性特徵」、「心理」、「語言」、「場面」的技法，分別以二百字完成下列各題。

一、請運用個性特徵法，以「怪叔叔或怪〇〇」為題，寫一篇短文。
二、請運用個性特徵法，以「記一個〇〇的人」為題，寫一篇短文。
三、請運用心理描寫法，以「被火紋身的〇〇」為題，寫一篇短文。
四、請運用心理描寫法，以「難過的一場喪禮」為題，寫一篇短文。
五、請運用語言描寫法，以「奶奶的故事」為題，寫一篇短文。
六、請運用語言描寫法，以「朝會」為題，寫一篇短文。
七、請運用場面描寫法，以「抗爭」為題，寫一篇短文。
八、請運用場面描寫法，以「警匪槍戰」為題，寫一篇短文。

九、請分別運用心理、語言、場面描寫法，以「家是什麼？」為題，寫三篇短文。

●參考習作

一——記一個患有強迫症的人（個性特徵法）

「……八十五、八十六，」他喃喃數著，七次八十六，一次八十七，他眨一眨疲累的右眼，眼睛移開顯微鏡目鏡，在表格最後一欄填入八十六，再瞥一眼行程，確認完成了今日進度。物鏡調回最低倍數，載物台放到最低，關上燈泡電源，拔插頭，電線繞了四圈半剛好插頭卡在載物台的邊緣，甚是熟練。把它放回櫃子時，瞄到了一旁電線纏得很隨意的顯微鏡，便也幫它繞了個四圈半，再滿意的關上櫃門。「一、二、三……」依序從鎖窗戶、電腦電源、空調……清點到關燈、鎖門，「……二十一、二十二。」跟往常一樣以二十二結束，才放心離去。（李修明）

二——被火紋身的女孩（心理描寫法）

清創是最痛的，切去壞死組織、刮去皮肉，燒灼的肉依然能感受冰涼的刀鋒。我從不敢去看那清創的左腿，儘管它是椎心刺骨的疼，我仍假裝它依然完整的包覆在白色繃帶下，還是那無瑕細緻的腿，只是它抽搐著在痛。

護士來了，又到了換藥的時刻，光聽到腳步聲就不自覺的顫抖，她們要拆繃帶了。一早一晚的日常換藥才真正折磨，糾結著刺痛，滲進肉裡直達骨頭，好痛！高頻細微的哀號占據我的腦、我的耳，護士們的鼓勵都成了呢喃……我好痛，我好恨。

終於解脫，她們說我很勇敢，跟平常一樣，然後就走了。

（李修明）

三——朝會（語言描寫法）

朝會的劇本感覺都像是彩排好的，每個禮拜都上演類似的舞台劇。

「中央伍為準！中央伍怎麼這麼沒精神？再來一次，中央伍為準！對啦！好多啦！教官有幾件事情報告，第一點，在校內一律穿著制服或運動服。第二點，禁止穿拖鞋，禁止穿拖鞋！二年七班剛剛在打鬧的同學，出列！不要再看旁邊了，就是你，對！出列！趕快！我不想浪費大家的時間，朝會結束來找我。第二點……更正。第三點，上外堂課一定要確認門窗上鎖，否則留一位值日生，避免財物失竊。報告完畢！立正！稍息！」接著又是下一位演員上台。

（蔡榮庭）

四——警匪槍戰（場面描寫法）

警方勸降的廣播止歇，手中緊握槍桿的歹徒，凝滯在廣場的寂靜中。遠處的新聞記者如一群空中盤旋的禿鷹，透過他們冰冷的鏡頭觀察著。反正無論誰生誰亡，今日頭條皆已是囊中物。忽然一聲脆響，一名警官的生命應聲化做滿地鮮紅。

那一響，是暴風雨來臨時的第一滴雨珠，隨之而來的便是暴雨般的槍彈。痛苦的哀號、尖銳的槍鳴，如雷的迴響在街道上。不過是一眨眼的光景，一切復歸寂靜。徒留地上用現代派風格揮灑的朱紅。須臾之間，醫護人員匆忙趕來，那敏捷的攝影記者們搶先一步，早已用鎂光燈開始攝食。（林建瑄）

人物描寫（三）

細節、白描、工筆

●學習主題

要做好人物描寫，首先要對所描寫的人物非常熟悉，必須細緻觀察和深刻了解這個人物的外貌、行為和心理特徵，準確寫出人物的個性、精神、形象、風采等等。寫自己想寫的，才能達到千人千個樣兒。這一章要介紹的是「細節」、「白描」、「工筆」等人物描寫的寫作技巧。

●寫作要訣

進行人物描寫還要注意的地方，就是描寫的角度。描寫的角度就是指從什麼方面進行描寫？我們能夠觀察人物和描寫人物，就是因為我們有敏銳的感覺器官，感官使我們對人物有具體的、感性的了解與認識。

從感官的角度切入，我們就可以對描寫的角度進行分割，一般而言，描寫的角度可以分為：

（一）形狀——是指直接對外在的相貌或形態進行描寫，如：位置、大小、造型等等。
（二）聲音——是指從聽覺的角度，對人物的聲音進行描寫。
（三）色澤——是指從視覺的角度，對人物的顏色進行描寫。
（四）感受——是指從人物的各種變化，來揣摩他內心的感覺。
（五）動靜——是指從視覺的角度，對人物的動作、靜止進行描寫。

不同的描寫角度，有不同的功用；在不同的條件下，自然也會有不同的表達效果。善用各種描寫技法，對於記敘文有很好的輔助效果和陪襯作用。

●表現技法

一——細節描寫法

「細節描寫法」，是指選擇細微的部分，進行具體生動、細膩入微的描寫。任何作品，要表現有血有肉的人物形象，就必須運用傳神生動的細節描寫。沒有細節描寫，人物形象就會失去高度的真實性，同時也減弱了文章的感染力。

範例　以〈媽媽的白頭髮〉為例——「聽大嬸婆講，如果人長了白頭髮，那就趕快把它拔下來，再打一個結，這樣子白頭髮就不會繼續長了。聽了這一番話，頓時，我如獲至寶。回到家，媽正在煮晚飯，我跑到媽媽跟前，悄悄的說『媽！你快低下頭來，我幫你消滅白頭髮。』媽喜孜孜的蹲了下來，我輕輕的撥開媽媽乾枯的頭髮，找到一根白髮。我說：『媽！別動，忍著別動。』我捏住髮根，迅速將它拔了下來，然後打了個結，那根白頭髮平躺在我的手掌心。心裡忽然閃過一個念頭，這可是媽媽日夜操勞才變白的啊！我的眼眶紅了，我努力控制著自己的情緒，回頭笑說：『媽！今後你再也不會長白髮了！』

短評　以身體的細節部分——「白頭髮」為核心，進行細膩的描寫，將母子的真情流露，拉到了最高點。

二——白描法

「白描法」，是指抓住人物的主要特徵，用精練的文字，樸實的進行描寫。不用華麗豔妝的文字，也不烘托渲染，以敘述的文字進行描寫，只寥寥幾筆就鮮明生動的勾勒出人物的形象。

範例　以魯迅〈孔乙己〉為例——「孔乙己是站著喝酒而唯一穿長衫的人。他身材高大，青白臉色，皺紋間時常夾些傷痕；一部亂蓬蓬的花白鬍子。穿的雖然是長衫，可是又髒又破，似乎十多年沒有補，也沒有洗。他對人說話，總是滿口之乎者也，叫人半懂不懂的。」

短評　這一段平易樸實的文字，抓住主角的特徵，簡單幾筆就將落拓、失意的人物形象，描寫得靈動鮮明。

三——工筆描寫法

「工筆描寫法」，是指以詳盡、精確、精雕細琢的手法進行描寫。它和白描法剛好相反，不是描繪大致的輪廓，而是細緻入微的進行刻劃，甚至於透過鋪張渲染的筆觸，達到強烈的效果。使讀者如聞其聲，如見其人，如臨其境。

範例　以〈一個追求完美的人〉為例——「從裡到外，他都是一個古怪的人。他身高六呎四吋，不修邊幅，紅褐色的頭髮粗密、蓬亂，臉骨和牙齒的不協調布局，構成了他的面容，上面閃著一對目光銳利的眼睛。皺亂的衣服上沾滿了薄薄一層粉筆末。他骨瘦如柴，像會走路的稻草人，一個穿著寬鬆褲子的神話人物。」

短評　寫一個瘦巴巴的古怪老師，從頭髮、臉骨、牙齒、眼睛等，精細又誇張的進行工筆描寫，效果十分凸出。

●結語

細節描寫法著重在選擇小地方、小部位做生動的細節描寫；白描法強調文筆精練、樸實，簡單幾句就勾勒完成，不做精細的描寫；至於工筆描寫法，就注重精雕細琢、渲染烘托的筆調了。想要選擇什麼樣的描寫手法，那要看文章的需要來做決定。不是每一處的描寫文字都必須採取重筆濃烈的手法，當然也不是三言兩語就胡謅了事，一切看文章實際的情境來斟酌；運用得當，你就是高明的化妝師。

●寫作起步走

請體會「細節」、「白描」、「工筆」的寫作技法，以二百字完成下列各題的片段描寫。

一、叔叔的落腮鬍（〇〇的〇〇……）
二、阿公（阿婆）
三、大隊指揮
四、嚴肅的警衛
五、總統府前的憲兵
六、只有一條腿的老張
七、尖峰時段的交通警察

●參考習作

一——叔叔的落腮鬍（細節描寫法）

隔壁的叔叔常常來我家喝茶聊天。當他專注時，總會摩挲著短髭。細細小小的毛，平鋪在嘴唇上緣，嘴角揚起時，兩側的毛會像鳥一樣，展翅鼓翼，企圖飛出一般。下巴則是濃密虬曲在一塊的鬍子。數不盡的落腮鬍，無不極力向下伸展，像是扭結在一起的橄欖球賽。叔叔是不太會管它的，只有偶爾將幾根歧出不齊的修剪修剪，挫挫它們的銳氣。他說留鬍子是男人的象徵，蓄鬍考驗一個人的男人味。我聽了半信半疑。

（林宏軒）

二——阿公（白描法）

阿公從小住偏僻的鄉下，簡簡單單的老農夫，幾乎沒有和外界接觸，是個不太會說國語的客家老人。夏天就穿白色背心配一件及膝的素色短褲，那件背心不知道穿了幾年，薄到幾乎呈半透明。他的膚色較深，身上滿是老人斑，身材修長偏瘦，但在曬衣服時，卻看得到隱隱約約的二頭肌理在皺皮下。理俐落的大光頭，眼睛大多時候是瞇著的，臉上也免不了有許多皺紋。因為以前動過心臟手術，在胸上有一道長疤延伸到肚子那頭。（李修明）

三——只有一條腿的老張（工筆描寫法）

老張留著落腮鬍，嘴裡缺幾顆牙，額頭深邃的皺紋掐住了過往的滄桑，手掌大得嚇人，又老穿件無袖內衣，活像古時候的蠻橫硬漢。說他像張飛、魯智深都不合適——因為他們比老張多一條腿。在這個沒有戰爭的時代，什麼斷一條腿的，肯定不是什麼光榮的事——雖然大家在區裡都這樣傳著，但我絕不認同。他時時刻刻護著他的殘肢，若不是個寶貝，怎麼這麼小心。小時候他還偷偷給我看過缺口旁的疤痕，一個一個解釋，說是哪場戰役的哪一場會局，又如何如何奮勇殺敵，不管別人信不信，我是鐵了心做他粉絲了。（蔡承濬）

景物描寫（一）

時令、定點、移動

● 學習主題

對大自然的風景，包括花草鳥蟲、日月星辰、名山勝水、奇松異石……進行生動描寫，以達到寓情於景、借景抒情的手法，叫做景物描寫法。景物描寫經常運用在各種文體中，特別是寫景的文章與遊記文章，更是不可欠缺的部分。不管在詩歌、散文中，常常出現精采的景物描寫，作家們也往往把自己的感情寄託在景物之中。在小說情節中，也經常有令人驚嘆的景物描寫，因為景物描寫能發揮「交代故事背景」、「烘托人物形象」、「渲染時空氣氛」、「凸顯作品主題」的作用。這一章要介紹的是「時令」、「定點」、「移動」等景物描寫的寫作技巧。

● 寫作要訣

（一）要細心觀察

同樣一片樹林，不同的季節就會有不同的景色。同樣是月光下，初一和十五不同，春月與秋月也不一樣，只有細心觀察，加上親身感受，才能表達得恰到好處。

（二）要掌握景物的特徵

如：松柏的特色是挺拔長青，楊柳的特色是婀娜多姿。星星的特色是閃爍，月光的特色是明亮。海浪的特色是洶湧澎湃，雲的特色是變幻不定。蘭花的形象是清幽雅致，梅花的形象是堅韌，牡丹的形象是富貴，蓮花的形象是聖潔。

（三）善用不同的角度去取景

描寫大自然風景，可以取遠景，也可以取近景；可以俯瞰，也可以仰觀。這樣子才會新鮮而不呆板。

（四）措辭要力求精準與優美

白雲要與「悠悠」搭配，溪水要與「潺潺」搭配；春光用「明媚」，月色用「朦朧」；柳條適合「依依」，花影適合「搖曳」。

●表現技法

一——時令描寫法

「時令描寫法」，是依據不同時令、季節的景物特徵進行描寫。不同季節的景物，分別有不同的特徵，一年四季春夏秋冬各有景色；晨曦、中午、晚霞、夜間也有不同；起霧、微雨、降雪、颱風也截然不同。我們想捕捉這些景物在不同季節、不同時間的特徵，就必須進行精準的描寫，帶給讀者鮮明的印象。

範例　以曾小政〈臘梅飄香〉為例——「早春二月，院子的一角，挺立著一株臘梅，沒有桃紅柳綠的伴襯，沒有融融春光的撫摸，它倔強的吐著黃，黃得刺眼，黃得無瑕，像一盞明亮的燈，灑下一樹清輝。」

短評　本段文字根據時令描寫的要領，把春寒料峭下的臘梅，描寫得栩栩如生，意象十分鮮明凸出。

二——定點描寫法

「定點描寫法」，是依據景物本身的空間次序，進行描寫。寫作者固定一個點，有次序的描寫：可以從遠而近，也可以由近而遠；可以從左到右，也可以由右到左；由高而低，由低而高。採用這種空間順序的手法，可以把景物描寫得層次分明，讓人有身歷其境的感受。

範例　以徐蔚南〈山陰道上〉為例——「一條修長的石路，右面盡是田畝，左面是一條清澈的小河。隔河是個村莊，村莊的後面是一聯青翠的山崗。這條石路，原來就是所謂『山陰道上，應接不暇』的山陰道。我們在路上行時，望了東又要望西，苦了一雙眼睛。」

短評　以上的寫作順序是依據一條石路出發，接著是右面的田畝、左面的小河、隔河的村莊、村後的山崗等等，這就是從定點做為描寫的基準點，按照眼界的順序，由近而遠，很有層次的進行景物描寫。

三——移動描寫法

「移動描寫法」，是隨著人的移動而變換描寫的景物，一邊走一邊看，把眼前的風景描寫下來。有的自然景色必須結合多重角度的描寫，才能充分反映出它的全貌；有的景觀是由零零碎碎的景物組合起來的。以上都需要不斷移動位置，才能進行多方面的描寫。一般的山水遊記，常常運用這種手法。

範例　以呂筍〈龍遊石窟記〉為例——「石窟位於縣城東北邊約五公里處。這天早上，我終於搭上車，遊覽心儀已久的名勝。……龍遊縣地處浙江西部，直到一九九三年龍遊石窟才被發現。……下了車，眼前是一座小山丘。山丘腳下，有座龍頭狀的入口，進了龍口，也就進了石窟。……站在一號洞的入口時，我驚呆了，彷彿進了另一個新天地，這是一個巨大的人工開鑿的立體洞窟。……我緩步而下，站在洞底，環顧四周，又不禁驚訝於古人的巧手……石壁上三千多條鑿痕幾乎完全平行……穿過石門，來到二號洞……再下去是三號洞，洞中存放著一尊石像……」

短評　以上文字是以「移動點」為基礎，隨著人物的移動，進行不同角度的刻劃，和定點描寫剛好相反，但是多層次、多角度的變化描寫要求，則是一樣的。

●結語

景物描寫的目的在帶給讀者鮮明的視覺感受，使人一看到你的文章，腦海裡就會浮現出生動的畫面。所以，景物描寫要細心捕捉，才能帶給人真切的感受。

●寫作起步走

請體會「時令」、「定點」、「移動」的寫作技法，分別以二百字到三百字，完成下列各題。

一、八月桂花香

二、冬山河巡禮

三、阿里山四季

四、花蓮泛舟記
五、登玉山
六、太平山的雲海（凍頂山的茶色、陽明山的菅芒花、三義的霧……）
七、站在……上（站在〇〇堤防上、站在大霸尖山頂峰上、站在屋頂上……）
八、美麗的東海岸（王功、金門、馬祖、蘭嶼、澎湖……）
九、〇〇的印象（金瓜石、七股、恆春、拉斯維加斯……）

●參考習作

一——八月桂花香（時令描寫法）

陽台上種的一株桂花，在八月盛開，沒有大紅大紫，不俗豔也絲毫不招搖。一朵朵淡黃的花兒小巧玲瓏，在清晨看時最是優雅，朝暾的光輝綿綿的灑在花上，照得那花兒晶瑩剔透，好似一樹的黃水晶。

夕陽西下時分，是桂花格外香的時候。吸取了一天日照精華，一朵朵桂花如同一個個橙黃飽滿的香囊，甜而不膩的氣味乘著傍晚的微風，占據了每一寸空氣，炎日中著實沁人心脾。讓人不

禁嫉妒起作家琦君，一株盆栽的桂花便如此，浸淫在桂花雨中不知是何等光景！（林建瑄）

二——站在景美溪堤防上（定點描寫法）

雜草叢生的兩岸布滿垃圾，夾著那談不上清澈的溪流。溪邊石上停了幾隻白鷺、灰鷹，似乎很困惑的看著不時跳出水面的魚兒。在堤岸後頭便是一大片水泥叢林，七彩繽紛的霓虹燈，編織著繁華的假象，與飽受摧殘的溪邊環境形成可笑的對比。

更遠處有些丘陵，仍披著翠綠的衣裳。巨大的基地台卻如殖民者一般，不由分說的騎在山頭上，眼下千千萬萬個鐵鑄弟兄，排列整齊，如同君臣相對，它是高高在上的主宰。左右望去，灰色堤防伸向遠方，迷茫不可見，一如人類的未來。（林建瑄）

三——世博的印象（移動描寫法）

中國向來以地大物博著稱，上海的世界博覽會規模也大，令人窒息，像要被吞噬一般。

乘著計程車，遠遠就望見安檢處一字排開，綿延上百公尺。通過嚴格的安檢，各國場館便如一群巨人，列隊在眼前。我好似劉姥姥進大觀園，在巨人陣中東張西望，不知從何看起？才走百十來步，色彩狂放的巴西館，在一旁搔首弄姿，怎能不一探究竟？甫走出展場，口中還讚嘆著世界級會場的華麗，阿根廷館又攔住了去路，相隔兩箭之地，智利、墨西哥……這還僅是展區一隅，我的視野無限延伸，不知所措。

回想起來，印象最深的便是它的大了。（林建瑄）

景物描寫（二）

定景換點、分類、特寫

● 學習主題

景物描寫，不管是描摹一座山、一條河、一棵樹、一朵花、一片雲、一抹夕陽……都要捕捉住它的形態、色澤、輪廓、動靜、變化等各方面的特徵，以顯現鮮明的形象，帶給人真切的感覺。這一章要介紹的是「定景換點」、「分類」、「特寫」等景物描寫的寫作技巧。

● 寫作要訣

如果從寫作技巧的角度來看，景物描寫是描寫文中難度最高的領域。古今中外的文學作品中，寫景的文學都發展得比較晚。最初，寫景的文章，大多屬於陪襯的地位。以中國文學而言，「漢賦」出來以後，客觀的寫景文學，才算完全成立。所以，景物描寫要寫得出色，必須要下一番深功夫。

●重點提示

（一）**把握主從關係**——不做漫無目的的描寫。

（二）**把握景物的特徵**——不做空洞、籠統的描寫。

（三）**把握景物與感情的融合**——不造成情景相悖。

（四）**把握條理分明的要求**——不東拉西扯、文句紊亂。

●表現技法

一——**定景換點法**

「定景換點法」，是指從不同的角度對同一景物進行描寫的手法。可以從高低、遠近、前後、左右、上下等不同角度去觀察和描寫，好比電影鏡頭一樣，攝入的景物不變，但是攝影機卻不斷變換位置、角度和焦距。運用這種手法，可以多角度、多層次的反映景物的形貌。

範例　以朱自清〈綠〉描寫梅雨潭為例——「梅雨潭是一個瀑布潭。仙岩有三個瀑布，梅雨瀑最低。走到山邊，便聽見嘩嘩嘩的聲音；抬起頭，鑲在兩條溼溼的黑邊兒裡的，一帶白而發亮的水，便呈現在眼前了。我們先到梅雨亭。梅雨亭正對著那條瀑布，坐在亭邊不必仰頭，便可見它的全體了。亭下深深的便是梅雨潭。這個亭踞在凸出的一角的岩石上，上下都空空的。……那瀑布從上面衝下，彷彿已被扯成大小的幾綹兒，不再是一幅整齊而平滑的布。……遠遠望去，像一朵朵小小的白梅……」

短評 以「梅雨潭」為軸心，由梅雨瀑寫起，山邊聽瀑布聲，抬頭看瀑布，正面描述梅雨亭，動態描寫梅雨瀑，遠望似白梅（遠景描寫）。這段文字就是典型的從不同的角度，對同一個景物進行描寫。

二──分類描寫法

「分類描寫法」，是指在描寫景物時，不按照時間或空間的順序，而是按照描寫對象的不同類別（例如：按照天地、山川、草木、蟲魚、鳥獸的順序）來進行描寫的一種手法。

範例 以林立〈桂林山林〉為例──「我看見過波瀾壯闊的大海，欣賞過水平如鏡的西湖，從沒看見過灕江這樣的水。灕江的水真靜啊！靜得讓你感覺不到它在流動；灕江的水真清啊！清得可以看見江底的砂石；灕江的水真綠啊！綠得彷彿那是一塊無瑕的翡翠。……我攀登過峰巒雄偉的泰山，遊覽過紅葉似火的香山，卻從沒看見過桂林這一帶的山。桂林的山真奇啊！一座座拔地而起，各不相連，奇峰羅列，形態萬千；桂林的山真秀啊！像新生的竹筍，色彩明麗倒映水中；桂林的山真險啊！危峰兀立，怪石嶙峋，好像一不小心就會栽倒下來。」

短評 以「桂林山水」為核心，分成水與山進行鋪敘，先分別描寫灕江水的「靜」、「清」、「綠」，後寫桂林山峰的「奇」、「秀」、「險」，按照山水不同類別的景色進行描寫。

三──特寫描寫法

「特寫描寫法」，是指將具有特徵的景物，運用特寫的方式進行細膩描寫，以凸顯景物的奇景，達到凸出鮮明的效果。

範例 以隆鳳〈藍〉為例──「去西藏，去珠穆朗瑪吧，那裡有真正的顏色。藏紅色的花，犛牛的黑，雪域的白，無一不是最分明的純色。但是只要你躺下來，這些顏色就會從你眼中消失。看見了嗎？那來自天空的無窮無盡的藍，不知它來自何方？又會去向何處？只是覺得它結結實實將你包圍。一抬頭，你就可以感受到四面八方湧來的藍色，那裡的水最純、最清，當你伸手去觸摸水面時，你會發現來自天際的藍色，在這裡有最真、最美的回應。這一切都與城市不同。你不用在高樓林立的空隙裡，仰著頭，費時去搜尋被屋頂割得支離破碎的天空，那已不是純粹的藍了。只有在高原，藍色就是藍色，沒有任何汙染。在那裡，你盡可以大聲吶喊，而不用在鋼筋水泥之間壓抑著，叫不出來。藍，始終是這樣一種顏色，去西藏，去珠穆朗瑪，感受無限的廣博與包容。」

短評　以「藍」色調為西藏景致的特寫，就是特寫描寫法，由於焦點集中，效果十分顯著。

●結語

「定景換點」，是指從不同的角度對同一景物進行描寫，這種手法，可以多角度、多層次的呈現景物的形貌；「分類描寫法」，是按照描寫對象的不同類別來進行描寫的一種手法；「特寫描寫法」，是運用特寫的方式進行細膩描寫，以凸顯景物的奇景。這三種景物描寫，分別都有其特殊的寫景技巧，用得上時就能發揮微妙的效果。

●寫作起步走

請體會「定景換點」、「分類」、「特寫」的寫作技法，以二百到三百字，完成下列各題。

一、仰望台北的夜空

二、清境農場的綠

三、鵝鑾鼻（清水斷崖、龜山島、小琉球、綠島、東引……）

四、日月潭（七星潭、鯉魚潭、蘭潭、龍鑾潭……）

五、○○歷史景點（台南億載金城、國父紀念館、陸軍官校、故宮博物院……）
六、大湖採草莓
七、太武山上
八、迪化街的古樓
九、八卦山的大佛
十、關山的稻浪

●參考習作

——仰望台北的星空（定景換點法）

炫目的霓虹燈，來回穿梭的車輛，高掛的LED電視牆，身處於喧鬧繁華的台北市中心，迷失於火樹銀花中，使人忘卻黑夜帶來的寂靜，卻不免有些寂寞。

偶爾抬頭看看夜晚的天空，卻發現自己被困於一座座高塔之中，離開市中心，乘著小巴在回家的路上，燈光漸歇，這時總算能憑著車窗，窺視今晚的星空。

車子開過，路燈一明一滅的，仍不能盡興的欣賞，但至少月亮姑娘總算肯露出臉蛋來了，還有幾顆比較大的星星，隱隱約約的出沒。行至終點站，一切的干擾幾乎消失，只剩零星幾盞路燈，以及巷弄間居民點亮的燈火。

再一次抬頭仰望，這才驚覺頭頂覆滿了數不清的星星，鋪天蓋地，仔細一看，個個都向你眨眼般的閃爍，被這樣的浩瀚無垠吸引著，等回過神來，頸子已無法動彈。（許達文）

二——七星潭（分類描寫法）

行至七星潭岸邊，我才發現它並不是一湖潭，簡直是海。

赤腳踩上礫灘，石子經過淘選，大小好比雞蛋，在腳底為你舒適的按摩。拾起石礫擲向潭面，丟出的好像不只是石頭，而是複雜的心緒。在潭面上噗通一聲掀起漣漪，將所有的不愉快隨著最後的聲響沉入深潭。

潭的顏色並不是眾所認知的藍，「碧海連天」並不適用於七星潭，水色是靜默的深灰，呈現它低調的特色，畢竟是海卻說是潭，它的謙遜是不言而喻的吧！

移轉視線，橫亙於海灣旁的山岳是莊嚴的，蒼綠色的披衣與纏繞的白霧，令七星潭的全貌更顯高雅、清妙，神祕而不可侵犯。（蔡榮庭）

三——鵝鑾鼻（特寫描寫法）

台灣的最南端，遠不見邊際的汪洋，藍不到盡頭的波浪，鵝鑾鼻靜靜的躺著，享受海風的輕拂。鵝鑾鼻的燈塔，純淨潔白，盡責的佇立於碉堡中，著名的東亞之光，在人們心中發光發熱；鵝鑾鼻的綠地，蔓延整個海岸，滋養零零散散的椰子樹，椰子樹隨風飄盪，看來十分愜意；鵝鑾鼻的藍天，映襯著白色燈塔，又與海洋與陸地接壤。有時一片澄靜，幾朵雲零星星的飄著；有時天空似乎特別的藍。就連那一團團的白雲也顯得格外的雪白，仰躺在開闊的草地上，它們彷彿觸手可及呢！（許達文）

四——關山的稻浪（特寫描寫法）

在關山，你看不到詭譎多端的海浪，卻有著令人著迷的稻浪和它特有的「橘」。雖是秋天限定，但大片大片的橘會讓你大飽眼福。

當風悄悄拂過，猖狂的橘像熠爍的龍尾般撲面而來，在秋陽的妝點下，你的視野一片染橘。金澄澄的稻子，一生以綠油油的草青佇立著，在秋天卻換了一身戲服。以華麗的橘接受風的掌聲，意亂情迷的舞動它的稻稈，所有的橘因而散播出來，感染了整個天空。（林宏軒）

景物描寫（三）

情景交融、色澤點染、景物聯想

●學習主題

自然景物是多采多姿的，要把景物寫得準確、具體、生動，必須仔細觀察體驗，敏銳的抓住各種景物的特徵。寫景想要達到情景交融的境界，作者的感情就必須要融入景物中；不管是由景入情，或者由情入景，最後才能情景交融。這一章要介紹的是「情景交融」、「色澤點染」、「景物聯想」等景物描寫的寫作技巧。

●寫作要訣

大千世界，各地的景物都不相同，只有抓住這些不同的特徵，才能呈現景物特有的吸引力，讓讀者留下深刻的印象。

其次，寫景要安排好順序，不論描寫單一景物或是多種景物，都要遵循這個原則。有的由高而低，有的由遠而近；有的以時間做順序，有的以方位做順序。只有安排妥當，描寫景物才會順手，文章也才有條理。

描寫景物並不一定是為寫景而寫景，它往往和作者的寫作目的息息相關，也就是說，都與作者的主觀情感有關聯。有的寫景是為了渲染氣氛，有的寫景是為了發抒作者的情感，有的是為了帶動故事情節的發展。所以，進行景物描寫時，要根據文章的需要，做合理、適當的選擇。

● 表現技法

一 ── 情景交融法

「情景交融法」，是在描寫景物的基礎上，進行情感的抒發。好的寫景文章，往往要做到寓情於景，進而達到情景交融的境界。當我們看到眼前的景物，心裡頭總有話要說，喜、怒、哀、樂，各有不同。如果在寫景的同時，也能讓真實的情感流露其中，這樣就做到情景交融了。

範例 以陳常〈憶外婆〉為例──「突然接到外婆往生的消息，我和爸爸連夜動身。天下著濛濛細雨，伸手不見五指。爸爸騎著單車在前，我緊跟在後。北風呼呼的吹，直往袖口、領子裡灌。四周一片寂靜，只聽得沙沙的車輪滾動聲。遠處隱隱約約的幾點燈火，像鬼火般的忽明忽暗，路旁的樹黑黝黝的，彷彿閻羅殿的小鬼，怪嚇人的。六、七里的路，平時只要半個鐘頭就可到達，可是這一回卻愈走愈長，不知何處是盡頭？」

短評　本段描寫父子倆奔喪的心情，雨天、黑夜，襯出難過的心境，凸顯人物內心的悲哀。

二——色澤點染法

「色澤點染法」，是對於所描寫的景物，加上色彩的點染、美化，用來加強景物描寫的視覺效果。對於景物的描寫，能善用「繪形」兼「繪色」的變化，讓眼前之景更加美不勝收，將讀者帶入豐富絢麗的意境之中。

範例　以陳柯宇〈夏日觀雨〉為例——「夏日的天，孩子的臉，說變就變。上午還是驕陽似火，一到下午就變成烏雲密布了。一聲轟雷，驚天動地而來，緊接著傾盆大雨。白雨如跳躍般的珠子，灑落一地亂闖。……隔著窗子向外望，天地之間如雨簾懸掛。雨水打在屋頂上，濺起了一團團的水霧，順著屋簷往下淌，像斷了線的珍珠似的，灑落大地。雨水落在地上，濺起了一朵朵水花，像一條白色的河。……沒過多久，雨過天青，天空架起了彩虹，空氣更清新了。」

短評　「驕陽似火」、「白雨」、「雨水像一條白色的河」、「雨過天青」，善用色澤的變化，景物的描寫就更加鮮明生動了。

三——景物聯想法

「景物聯想法」，是指透過景物的具體描寫之後，再展開聯想。由實際的景色，跳入神遊的想像空間，更能縱橫神馳，打破時間和空間的界限，悠遊於想像的天地之中。

範例 以張濤〈紅梅〉為例——「紅梅的綻放，總是在那淡淡的冬季。然而，一旦有了她們的出現，那個季節便不再冷淡了。……紅梅，單朵的看，五個晶瑩的花瓣兒，緊閉著中心的一簇蜜蕊，只是覺得秀氣，讓人憐愛；整株的看，似乎是壯大了一些，但仍然不乏東方少女的嬌羞——梅，總是秀氣的。……一朵一朵的紅梅，洶湧成無邊無際的梅海時，又是何等的澎湃啊！」

短評 「紅梅，單朵的看……只是覺得秀氣，讓人憐愛；整株的看……仍然不乏東方少女的嬌羞。一朵一朵的紅梅，洶湧成無邊無際的梅海時，又是何等的澎湃啊！」從「紅梅」聯想到「秀氣」、「嬌羞」、「澎湃」，文章寫作的空間與內涵，是不是加大了許多？

●結語

由於景物描寫能充分表現具體生動、形象真切的感染力。因此，在寫記敘文時，成功的景物描寫，會使文章大放異彩，增添文章的魅力，令人陶醉其中。

但是，初學者要分得清楚，在以寫景為主的記敘文中，景物描寫是文章的主要內涵；在寫人為主的記敘文中，景物描寫主要是用來交代背景、襯托人物、烘托氣氛的。

●寫作起步走

請體會「情景交融」、「色澤點染」、「景物聯想」的寫作技法，分別以二百字到三百字，完成下列各題。

一、記憶中的一條河
二、寒流來了
三、今夜多美麗
四、淡海觀潮（台北的冬景、合歡山下雪了、九份老街……）
五、第一朵桃花
六、建國花市
七、濁水溪
八、天邊的雲朵（咖啡廳的窗、馬路邊的招牌……）
九、站在棲蘭古木群中

● 參考習作

一——建國花市（情景交融法）

新春時節，全家一同去採購花卉。蔓延幾百公尺的橋下花市，在澎湃的人潮、熱鬧中顯得格外歡喜。一攤攤的花鋪列隊著，一朵朵、一束束含苞待放的鮮花，插在紅橘色桶子裝的清水之中。縱使桶中的清水不流，也因為這新春的活力、朝氣閃爍著銀白的波光，顯得格外清澈、透明。穿梭於人潮之中，並不覺得擁擠，反而感到意外的滿足。陪同家人和花兒在這裡喜迎新年假期，就是從小到大所熟悉的過節氣氛，或許我看花朵的美麗，正如它看我一般。（楊浩東）

二——台北的冬景（色澤點染法）

台北的臘月是白色的。每年我最期待的季節便是冬天，除了年節的慵懶是如此誘人之外，還有台北的景色。身處副熱帶的台灣，冬天之中少了一點蕭瑟，多了一點浪漫。東北季風持續帶來水氣，在水滴欲落而未落之時，天空變成一片白色的畫布，幾處的灰黑勾勒無窮的想像；水氣在空氣間飽滿之時，白霧織成的婚紗，套在綴有綠意的小徑上，那種深沉的墨綠，及降低的能見度，又給人夢幻的投影；偶爾的晴朗之際，清新的空氣及明朗的街景，又給人白的純淨感，而那份靜謐與潔白，譜著一首首微渺的戀曲。（蔡榮庭）

三——咖啡廳的窗（景物聯想法）

回到這個街頭，總會浮現她的身影。

她的髮梢飄過咖啡廳的窗；街角的咖啡廳，那裡有她的味道。我總會覺得她還在窗邊，纖細的指勾著溫潤的馬克杯，玻璃微霧，模糊了她的身影，但那雙眼睛透明澄澈，皎如白月，她看著街口的人車，細雨的上班日，紛雜的步履。然後她望向對角公車站牌，我與她四目相交……

一樣是細雨的上班日，她早已不在那兒。視線模糊，不是因為咖啡廳玻璃的微霧，而是淚珠欲湧呀！（李承芳）

物體描寫（一）
寫生、細描、縮放

● 學習主題

在進行物體描寫時，必須透過細膩的觀察，才能捕捉事物的靜態特徵和動態特色。對事物的外貌、色澤、狀態，以及與周圍事物的關係、變化和活動等，做到徹底的掌握。

一般我們說「狀物」，就是指描寫物體的樣子和情態。描寫物體或者物件的範圍十分廣泛。只要是「物」，不管是動物、植物、物品、機械、建築物等都包括其中。這一章要介紹的是「寫生」、「細描」、「縮放」等物體描寫的寫作技巧。

● 寫作要訣

「寫景狀物」是寫文章的基本內容，學生平日在記敘文的寫作中，經常見到以「景色」和「物體」來做為描寫對象的題目。

「狀物」兩個字，分開來講，「狀」是陳述、描寫的意思；「物」是指動物、植物和物件等。在進行寫作時，大到日月山川，小到花鳥蟲魚，都經常成為我們寫作的材料。

自然的景物大家都熟悉，使用的次數也多。但是，動物、植物甚至於生活中的物體、物品，我們就不見得都能很傳神的表現出來。然而，狀物類的記敘文，有時候又有一定的需求，所以仍然要培養這方面的寫作能力。

●重點提示

(一)**掌握物體的形貌** 不論是靜態的事物、建築物、器物等沒有生命的東西，或者動物、植物中的花鳥蟲魚、禽獸、樹木等，都要抓緊它們的形貌、動作，描寫力求具體。

(二)**做到逼真有趣** 描寫靜物，可以插入故事或展開聯想，以增加文章的趣味性。描寫動物、植物，則要注意情態、樣貌。

(三)**講究條理清楚** 描寫物體時，還必須要講究描寫的層次是否分明，力求做到有條有理、清楚明白。

●表現技法

一——寫生法

「寫生法」，是針對選定的物體，進行真實的臨摹，這是最基本的狀物寫法。

範例 以〈小溪〉為例——「……安農溪的水，清得連水中的溪哥魚也看得清清楚楚，青灰色的鱗片，閃閃發光，輕輕擺動著尾巴；溪哥一對眼珠子，骨碌碌的盯著你看，永遠一副自得其樂的樣子，讓你不知不覺的羨慕起牠們來。溪水中的鵝卵石也分外的美麗，在金色陽光的照耀下，河水也呈現出點點金波。河中正在嬉戲的小鴨鴨們，正在嘎嘎的叫著，好像在述說牠們正陶醉在小溪的世界中。」

短評 這種類似繪畫寫生的描摹手法，讓人有身歷其境的感覺。

二——細描法

「細描法」，是指針對物體做精雕細琢的描寫。

範例 以〈小花鹿〉為例——「牠圓圓的腦袋上，一對粉紅色的小耳朵向上豎著，彷彿在傾聽周圍的動靜。臉上嵌著兩隻明亮的眼睛，透藍的眼眶裡，那圓溜溜的黑眸子還挺神采奕奕的呢！小花鹿的身體是橘黃色的，上面還有大紅色的斑紋。牠那條又小又短的尾巴向上翹著，顯出一副調皮的樣子。」

短評 細描法，是細緻入微、一筆不苟的進行刻劃，要將描寫的對象栩栩如生的表現出來。

三——縮放法

「縮放法」，是指運用縮小或放大畫面的變換寫作手法。

範例 以〈螃蟹〉為例——「今天，媽媽買了十幾隻螃蟹，別看牠們個兒不大，可是牠們那一雙大夾子和凶神惡煞般的模樣，讓你一見就渾身發毛。這些螃蟹集中放在大盆上，牠們可真不老實，在盆裡亂抓亂扒，『嘩啦嘩啦』作響。我蹲在大盆旁，仔細看個究竟。螃蟹背上馱著一個硬邦邦的大殼，殼的兩邊有三個小尖叉。大殼底下，兩旁除了伸出一隻大腿外，還分別伸出四隻小腿，每隻小腿分四節，最後一節像一隻小鐵鉤。嘿！螃蟹的大夾子可真威風，兩隻大夾子一張開，就像兩把老虎鉗。大夾子上面還披著黑絨絨的毛呢！」

短評 前半部以全景放大描寫，後半部以特寫縮小描寫。就某隻螃蟹的外部形貌，呈現遠近大小的不同變化，是不是十分引人入勝呢？

●結語

「寫生法」，是就物體進行真實、自然的描寫，文字的表現以真實的呈現為主；「細描法」，是就物體做細膩的摹寫，文字的表現著重在精緻雅麗的筆調；「縮放法」，是就整體概括的描寫和細部的描寫交錯運用，主要在展現描寫的變化。

在進行物體的描寫之前，不妨先做一番思考，究竟要運用什麼手法描寫，這樣下筆就比較從容，也比較不會有雜亂無章的毛病。總之，進行物體描寫時，要針對題目的要求，進行分析、摹寫，才能凸顯物體的形貌，加深讀者的印象。

●寫作起步走

請體會「寫生」、「細描」、「縮放」的寫作技法，分別以二百字到三百字，完成下列各題。

一、逛木柵動物園（六福村野生動物王國、鳳凰谷鳥園、高雄壽山動物園……）
二、隔壁鄰居家的土狗
三、蛇（雨傘節、眼鏡蛇……）
四、養鴨人家
五、慢悠悠的烏龜
六、植物描寫（芒果樹、竹林、樟樹、柳樹……）

七、日本料理店（台菜、海鮮、熱炒店、火鍋店、薑母鴨店……）

八、博物館的展品（標本、翠玉白菜、肉形石……）

九、動物描寫（松鼠、貓咪、魚、鴕鳥……）

十、雞鳴天下白

●參考習作

一——芒果樹（寫生法）

老家庭院有棵年紀比我大的芒果樹。平常它就只是棵再平凡不過的大樹，三層樓高，張開的枝葉能遮住一半庭院的陽光，跨到旁邊的矮紅磚牆到隔壁鄰人的小菜圃。季春時，枝椏末端可以看到一串串小花，我想應該是黃色的花吧！茂密的葉總是不肯給足光線讓我仔細端詳。

倘若那年春夏之際沒有颱風，夏日某一天便可以在地上看到幾顆綠色的小芒果，摔破了皮、淌著汁。再等個幾天，阿公就拿著長竿的捕蟲網，去撈搖搖欲墜的芒果，偶爾還會撈到不小心打到樹上的羽毛球。（李修明）

二——松鼠（細描法）

緊咬住麵包塊，牠輕抖一下毛茸茸的尾巴，乍跑還跳，一溜煙的爬上水管，遠離可褻玩的範圍，看不出短小的四肢竟有如此能耐。松鼠的毛皮是跟樹皮相似的褐色，深棕色、更長的毛，則是蓬鬆的長在幾乎跟身軀一樣長的尾巴上。牠揚起頭，豎起小小的尖耳朵，四處張望，烏黑的眼珠滑稽的位在頭的兩側，卻不失機警和靈動。確認附近沒有危機後，牠便用前腳抓住方才用嘴咬著的麵包塊，開始啃噬，還不時抬頭看看四周，嘴巴不曾停止咀嚼……（李修明）

三——翠玉白菜（縮放法）

若不是亙古的光澤，我還真以為那是朵白菜。透白的心葉、寬扁的葉柄、翠綠的菜葉，橢圓的薄葉，一片片裹覆成完美的一株大白菜，只是太過透亮的色澤和不尋常的反光，透露了它的本質——一塊玉。靠近一點看，原來菜葉的摺痕處，有隻蝗蟲攀在上面，牠撥開了葉梢，似乎想吃更裡面的葉片，但時空卻定格在這一刻，牠彎曲的後腿始終不能再往後一蹬，無法品嚐到嫩葉。在牠上方另一頭有隻剛剛沒注意到的螽斯，但牠不敵人為的摧殘，斷了左鬚。

如果你仔細再端詳一番，會忍不住驚呼，白菜的葉脈清晰可見，蝗蟲有一節節的紋路，而螽斯的翅膀皺褶、翅下的腹節也沒有忽略。如此精細的做工、用心的細節，這師傅值得千百年不斷的擊掌聲。（李修明）

物體描寫（二）

特徵、比擬、狀物寓情

● 學習主題

除了人物、景物外，世上一切的事物，只要是我們能感覺得到，而且能有所感受的，也都可以成為我們筆下所描述的對象。花鳥草蟲、奇松怪石、校園一角、名勝古蹟等，都足以做為表達的對象，並藉以抒發自己的感慨。這一章要介紹的是「特徵」、「比擬」、「狀物寓情」等物體描寫技巧。

● 寫作要訣

和人物描寫、景物描寫一樣，對於物體或物件的描寫，依然強調觀察力的重要。在進行物體描寫時，透過細膩的觀察，才能捕捉事物的靜態特徵和動態特色，也能對事物的外貌、色澤、狀態，以及與周圍事物的關係、變化和活動等，做到徹底的掌握。

其次，不管是物體或物件的描寫，往往只是一個引子。借物抒情，往往不是把自己內心的感情直接說出來，也就是說，往往透過眼前事物的描寫，來抒發自己內心的思想感情。想要寫好借物抒情類的文章，最好選擇自己最熟悉、最深刻的題材，用質樸而精準的文字，適當的狀物摹寫，進而表達自己真實的情感。

●重點提示

談到借物抒情，自然而然就會運用到「象徵」的手法，運用象徵手法，必須注意到象徵事物與象徵意義之間的聯繫；同時要在符合大多數人的審美觀念底下，選擇切合主題表現的象徵物，以來做為鮮明、合理表現象徵意義的憑藉。例如：梅花象徵堅忍、牡丹象徵富貴、蓮花象徵聖潔、燭火象徵希望、太陽象徵光明等。以物體或物件為題的文章，能表現寄託、象徵的作用，不妨多多揣摩運用。

●表現技法

一——特徵法

「特徵法」，是指側重於對物體本身的形狀、大小、顏色等的特徵，進行描寫物體的各項技法。物與物的特徵，有時候很多，但要分清「主要特徵」與「一般特徵」。既然是捕捉特徵寫物，當然是指抓住主要的、明顯的特徵來進行描寫。

範例 以〈蓮花池畔〉為例——「正逢蓮花盛開時節，滿池的蓮花清香誘人。池邊擠滿了慕名而來的遊客，我也擠進人群。只見朵朵蓮花，婀娜多姿，真像亭亭玉立的仙女。它們千姿百態，有的含苞待放，粉紅的花瓣，好像輕輕一捏就會綻開似的；有的蓮蓬上鑲嵌著一個個嫩綠的小蓮子，一陣風吹來，它向我們點頭微笑，好像歡迎我們的到來。」

短評 能抓住蓮花的主要特徵，進行細膩的觀察，描寫時就可以圍繞著此「物」的特徵，具體又準確的進行描寫。

二——比擬法

「比擬法」，是指用打比方的手法，對於動物、植物，或一般物品及社會環境中的某些處所進行描寫。運用比擬法來狀物，不但可以增添文章的情趣，而且可以凸顯該「物」的特點。

範例 以〈大公雞〉為例——「阿公從瑞芳帶回來一隻又高又大的大公雞，牠全身的羽毛十分豔麗，油光發亮，好比披上了一件華貴的大禮服，頭上長著一簇高高隆起的大雞冠，真是美極了！那雙烏黑的圓珠子，炯炯有神，不時警惕的向四周觀看著。一張又短又尖的利嘴，不是啄著地上的食物，就是挑逗身邊小一號的公雞，十分好鬥。這隻大公雞吃飽了以後，經常邁著牠那雙高大粗壯的腿，昂首挺胸的在雞欄裡踱步，威風得很！」

短評　本段文字運用擬人的手法，把大公雞的神氣活靈活現的表現出來。

三──狀物寓情法

「狀物寓情法」，是指把自己的思想感情寄託於所描寫對象的狀物手法。這種手法關鍵在「寓」，就是寄託。這種既狀物又抒情的描寫，是「物」與「情」的結合，必須做到狀物描寫逼真傳神，抒發感情真實貼切。某些事物的特徵，往往象徵了某種精神的意義。所以，我們可以藉由所描繪的事物，自然而然的表達自己的感情。

範例　以〈門前的垂柳〉為例──「……清明節到了，下了幾場濛濛細雨，垂柳就伸出了嫩綠的葉子，貪婪的吸吮著春天的乳汁。微風輕輕的吹過，它的一條條柳枝好像在向我們招手。……夏天……秋天……冬天……啊！多麼普通而又平凡的一棵垂柳，它不怕日曬霜染，不怕風吹雨打，不怕嚴寒酷暑，時時刻刻的和我們相依為伴，守護著我們的家園。楊柳，我喜愛你。」

短評　依不同季節，分別鋪寫楊柳的不同風貌，再結合對它的歌頌、讚美，展現了楊柳所表現的精神特質。

●結語

一個普通的物體，不管是動物、植物或其他事物，要表現出它的特點，如果千篇一律只做外貌摹寫，自然就降低了趣味，同時失去了文章的感染力。因此，透過不同的寫作技法，就可以展現各種不同的風貌，將一個物件寫得栩栩如生（特徵法），寫得鮮明有趣（比擬法），甚至於寄寓情感、借物抒發情感（狀物寓情法），這些技法都值得做為寫作的參考。

●寫作起步走

請體會「特徵」、「比擬」、「狀物寓情」的寫作技巧，以二百字到三百字，完成下列各題。

一、電線桿上的麻雀
二、街頭的流浪狗
三、路旁的麵包樹
四、水仙花（玫瑰花、牡丹花、玉蘭花……）
五、春蠶

六、柳丁
七、我最喜歡的小動物
八、鳳凰樹
九、圍牆上的牽牛花
十、蜜蜂

●參考習作

一——圍牆上的牽牛花（特徵法）

蜷曲的嫩綠枝條糾纏著圍牆上的縫隙，一叢蘭花中點綴著零星的紫，一支支的小喇叭，對著我們演奏，好像在歡迎著我們。牽牛花的相貌雖然平凡，但它們的生命卻是不凡的。別的植物安安穩穩的立在泥土上，它們卻老愛攀在別人身上，不過這就是它們的生存之道，也使它們的生命有了不一樣的風景。然而剛開始的路總是辛苦的，從稀稀疏疏幾片嫩葉枝條，然後不斷吸收陽光及養分，最終占據了整片圍牆，綻放花苞，造就了一片不凡的風景。（許達文）

二——電線桿上的麻雀（比擬法）

每當走在路上，常常會有成群結隊的麻雀像浪濤般襲來，然後，列隊一排站在電線桿上。從近看如豆莢般大，一路延伸至遠方的米粒般小。

一排麻雀從上面俯瞰著我們，雙翼交叉在背後，挺著潔白的胸膛，縮著灰白的小腹，昂首的望著底下我們這些接受校閱的士兵。牠們時不時的交頭接耳，嘰嘰喳喳，不知道在說些什麼。偶爾還會拍動土黃色的翅膀，揚起尖銳的爪子，彷彿叫我們別偷聽牠們的交頭接耳。接著有幾隻在旁邊大聲的聒噪，似乎是妒忌鳥世界的同伴卿卿我我，甚至互相拉扯對方的羽毛，大打出手，旁邊的小麻雀們也無可奈何。（林宏軒）

三——玫瑰花（狀物寓情法）

前幾天他捧著一束玫瑰花過來，說想在我這小公寓裡待上幾天。玫瑰很新鮮，是熱情的鮮紅，層層花瓣包覆著他如火的心，上面還有幾滴小露珠，透心冰涼。

我到外頭的回收桶，翻出了幾個看起來比較乾淨的寶特瓶，扒去包裝，裝半滿的水，再插上兩三枝玫瑰，公寓小雖小，我們卻可以笑鬧著爭辯要把塑膠花瓶放在哪兒，空氣中瀰漫甜膩的花香。也許是我們太年輕，我們的愛情在你看來就是如此廉價，一束玫瑰花就是奢侈品了，怎可能有一口瓷花瓶。

這天我回到家，他好像先去打工了，我這才發現，玫瑰並不是一片片優雅的凋落，而是枯萎成一小球，垂向地面，泛黃溼爛的花瓣也不再整齊的排列，它們是如此脆弱啊！被摘下的那一刻就注定凋亡了。（李修明）

物體描寫（三）

比較、化靜為動、有聲有色

●學習主題

以自然物做為表達對象，進而抒發個人的感慨，是人人都擁有的經驗。只要是我們能感覺到，並且能引起內心世界迴響的，都可以成為我們筆下所描寫的對象。

在包羅萬象的自然物中，能夠迅速的對某一物產生興趣，引起感慨，第一要務是馬上抓住主體；第二是迅速發揮輻射思考；第三則是盡快展開聯想。這一章要介紹的是「比較」、「化靜為動」、「有聲有色」等物體描寫的寫作技巧。

●寫作要訣

古今中外，很多名家都有令人驚豔的作品。面對自然或人生的一切事物，有的可能是即興之作，有的則是醞釀很久，表面上看似隨手拈來，實際上都經過精心選擇。那些出自於名家的精緻小品，不管處在什麼環境之下，往往都妙筆生花，令人讚嘆不已！仔細推敲這些作品，不難發現作品風格雖然迥然不同，但在物體的描寫、情思的表達以及語言的運用，都展現一流的水準。所以描寫技巧，仍應注重基本功的鍛鍊，多熟悉一些寫作策略，自然就多一些表現的空間。

●重點提示

（一）**扣緊主題**　當我們見到物體描寫類的題目，要立即抓住題目中所要求的對象，進行分析、思考，抓住了主體，才能掌握重點，同時也就不會有離題的危機。

（二）**迅速連結**　抓住主題後要迅速向四方輻射思考，這樣文章的內容才會多采多姿。

範例　以〈家鄉的獨木橋〉為例——除了「獨木橋」這個主體物之外，要迅速向四面八方去尋找相關物，如橋下有流水、流水有倒影、水中有小魚、有回憶中的歡樂、有難忘的故事……

短評　所有這些都是聯繫物，都有助於豐富文章的內容。

（三）**展開聯想**　從時間、空間展開聯想。

範例　以〈燈〉為例——以時間做聯想，從以前的火把、煤油燈到現在的電燈；以空間做聯想，從車燈、路燈、探照燈到救護車的警示燈。

短評　從「燈」這個基準點沿著時間、空間產生聯想，就能很快找到燈的聯想物進行描寫。

●表現技法

一——比較法

「比較法」，是指透過比較的方法，達到認識和區別事物目的的描寫手法。進行物體描寫，為了使物體具體鮮明、多采多姿，又充滿情趣，使得描寫的事物讓人留下深刻的印象，可以採用這種以所要描寫的事物和其他事物進行比較的手法。

範例1 以〈貓頭鷹〉為例——可以針對貓頭鷹特殊的習性、動作、情態等幾個角度和其他飛禽進行比較。

範例2 以〈遊樂區的小木屋〉為例——可以從山林遊樂區的住宿、遊樂的特殊經驗，以及追求自然、寧靜、野趣等感受，和五星級大飯店的豪華設施、現代化享受做比較。

短評 透過物與物的比較，別人就對你所寫事物的形象、個性，有清楚明白的了解。

二——化靜為動法

「化靜為動法」，是指將靜態的物體，以動態的描寫手法表現出來。就物體來說，有動有靜，這裡是強調動態的效果，因為動態的形象，不呆板不單調，同時變化鮮活，能造成引人入勝的效果。

範例 以朱自清《歐遊雜記》〈巴黎〉對「勝利女神」的描述為例——「女神站在衝波而進的船頭上，吹著一支喇叭。……衣裳雕得最好；那是一件薄薄的軟軟的衣裳，光影的準確，衣褶的精細流動；加上那下半截兒被風吹得好像弗弗有聲，上半截兒卻緊緊的貼著身子，很有趣的對照著。因為衣裳雕得好，才顯出那肌肉的力量；那身子在搖晃著，在挺進著，一團勝利的喜悅的勁兒。還有，海風呼呼的吹著，船尖兒嗤嗤的響著，將一片碧波分成兩條長長的白道兒。」

短評 勝利女神的雕像，本來是靜態的物體，朱自清憑藉著豐富的想像把雕像寫活了，動態化的描寫是成功的主因。

三——有聲有色法

「有聲有色法」，是指結合視覺與聽覺的感官功能，表現物體的聲音與色澤，讓人產生深刻的印象。在狀物描寫的領域裡，無論是鳥獸蟲魚、花草樹木，或者建築物、日用品，都必須抓住特徵，而物體與物體的不同點，往往也表現在「聲」與「色」的區別。

範例 以〈燕子村〉為例——「宜蘭三星鄉有一個村落，說也奇怪，每到春天成群的燕子都來築巢，大家都管它叫燕子村。每到傍晚，只見無數隻充滿活力的小生靈，在竹圍上空翩翩飛舞，好像在進行一場盛大的空中舞會。跳累了，就紛雜的落腳在電線桿上。整個村子像燕子夜市，因著吱吱喳喳的聲音而熱鬧了起來。聲音像細語、像談情，又似歡笑、似歌唱，雖然不怎麼規律，卻也十分動聽。夜幕低垂，燕子愈聚愈多，只見整條大馬路的電線桿上，黑壓壓的一片，一隻緊挨一隻，排列得緊緊密密的。昂頭一看，原來漆黑的電線變成一條條雪白的帶子懸掛在空中，看不到盡頭。在暗沉的夜色中，格外醒目，壯觀極了。」

短評 「像燕子夜市，因著吱吱喳喳的聲音而熱鬧了起來」、「聲音像細語、像談情，又似歡笑、似歌唱，雖然不怎麼規律，卻也十分動聽」、「只見整條大馬路的電線桿上，黑壓壓的一片，一隻緊挨一隻，排列得緊緊密密的」、「原來漆黑的電線變成一條條雪白的帶子懸掛在空中，看不到盡頭」，以上幾句在聲與色的表現上，自然而傳神，刻劃鮮明而迷人。

● 寫作起步走

請體會「比較」、「化靜為動」、「有聲有色」的寫作技法，分別以二百字到三百字，完成下列各題。

一、我的寵物

二、麻雀（藍腹鷴、鸚鵡、白文鳥、禿鷹……）

三、兩張照片
四、台北一〇一大樓
五、漁人碼頭（摩天輪、燈塔、林家花園……）
六、小草
七、茶
八、阿公的老花眼鏡
九、文具大觀（書展、花燈展、冰雕……）
十、捏陶（捏麵人、冰糖葫蘆、肉粽……）

●參考習作

一——禿鷹（比較法）

你可以說牠是草原上的清道夫，抑或是最精明的獵手。禿鷹不像老鷹這類猛禽，老鷹親自捕捉獵物，禿鷹則是等待獵物自己死亡。草原上的哺乳類動物大多是集體行動，落單的哺乳類動物往往不是太老就是病重，禿鷹就專挑這些臨死的動物，在牠上方盤旋，無聲的觀察著，瀕死的動物能看到這些死神的影子在身邊繞啊繞，卻無能為力對抗自己的漸漸死去。

老鷹的獵物，某方面來說可能還幸運一些，他們在逃跑的過程中就被拎到空中，被腳爪緊箍致死，痛快多了。禿鷹確認目標已死後，便撲上去大快朵頤，一具屍體常會聚集一群禿鷹爭食，牠們張開褐色的大翅威嚇對方，伸長脖子搶著啄食腐肉，不到一小時，原處就只剩一攤白骨了。

（李修明）

二——冰雕（化靜為動法）

她的靈魂十分篤定，靜靜的夜和漆漆的黑，最能目測她的白。雕上，就不只是冰了。

她輕捧著新月，右手指尖輕撫著月亮下緣往回收，雙足稍稍蜷曲，裙襬自然下垂，遮不住腳踝，她是宛然飄在空中，目視著那一彎潔白，不疾不徐的將新月扶到它該在的位置，背後的長髮飄成數綹，微微上揚，卻又在末端往下一捲，輕觸到腳尖。原本停在髮上的貓頭鷹正欲展翅疾飛，腳爪猶未脫離髮梢。

冰冷，始終是她每個極冬最一致的溫度，努力的等，枕戈待旦是她千百年來唯一的戰術。

（李修明）

三——摩天輪（有聲有色法）

那是紀念品，在我很小很小的時候在遊樂園買的奢侈品，用不鏽鋼的小鐵桿架成簡單的摩天輪模型，固定在藍色長方體底座上。底座其實本身就是個音樂盒，摩天輪上的車廂是塑膠材質，每個車廂顏色都不同，但是都淺淺霧霧的，不是很鮮豔，可能就像夢的感覺吧！

小時候爸偶爾將摩天輪拿出來，把底座的樞紐轉緊再放開，音樂盒就播放遊樂園主題曲的水晶音樂。叮叮噹噹，清脆不刺耳，彷彿是到了恍惚的夢境裡。不是喧鬧的遊樂場，摩天輪也自己轉了起來，我的小腦袋跟著車廂晃啊晃，跟爸說這車廂坐我、媽、爸和妹、那車廂坐表哥……小時候的世界很簡單，不懂這個陌生的世界，覺得大家心裡面總是相愛的，現在回想，那段時光還真的像夢一樣啊！（李修明）

記敘技巧篇

傳統的記敘文是以記敘和描寫為主要的表達方式，可以寫人，可以寫事，可以寫景。

記敘文最能切合時事，而且運用最為廣泛。從史書記載，到報紙報導，其他如記敘名山大川、人物動態、介紹書籍等，都屬於記敘文的範圍。

- 記敘技巧（一）
- 記敘技巧（二）
- 記敘技巧（三）
- 記敘技巧（四）
- 記敘技巧（五）
- 記敘技巧（六）
- 記敘技巧（七）

記敘技巧（一）

第一、二、三人稱記事

●學習主題

記敘文從題材來看，可以記人、可以記事，也可以狀物。「記人」可以敘寫人物的一生，也可以敘寫人物的某一片段。敘寫事件可以合寫幾件事，也可以單獨敘寫一件完整的事，甚至於只寫其中的某個時期、某個片段事件。敘寫景物可以寫景物的全部，也可以敘寫其中的局部，或者某一特定的場景。這一章要介紹的是「第一、二、三人稱記事」等記敘文的寫作技巧。

●寫作要訣

一般而言，以記「事」為主的記敘文，雖然離不開敘寫「人」的活動，但是要側重於記事。記事，第一個碰到的就是「人稱」的問題。所謂「人稱」，是指語文中對人稱述的詞語。稱自己為「我」，是第一人稱；稱對方為「你」，是第二人稱；稱第三人稱用「他」、「她」；疑問人稱用「誰」。記敘文中往往會涉及到「你」、「我」、「他」三個人稱，但是必須用一個人稱來做為敘述的主體，也就是記敘文中人稱要做到統一的要求。

●表現技法

一——第一人稱記事手法（以第一人稱做為敘述的主體）

行文時以我（或我們）的立場，在文章中直接進行敘述。一般而言，文章中「我」的敘述身分和「作者」的身分，有幾種不同的情況。

（一）「我」是作者：敘寫真人實事為主，一般的記敘文、日記、遊記、書信、回憶錄等，都屬於這一類。

範例　以〈我的爸爸〉為例——「從小，我就跟媽媽最親。打從我出生開始，爸爸就一直在上海工作，而媽媽就不同了，她從來就沒有離開過我，一直細心的呵護著我。我四歲的時候，爸爸調回高雄小港，從那時候起，我的腦海中才有了爸爸的具體形象。」

短評　文章中的「我」，就是作者自己。

（二）「我」是虛構的人物：以「我」做為故事中的一個人物，有時候是主角，有時候是配角，目的是用來做為事件的見證人，或者是全文的線索人物。

範例　以魯迅〈孔乙己〉為例——文章中的「我」，不是作者，也不是主要人物——孔乙己，而是酒店中的一個「小伙計」，透過小伙計來做為事件的見證人。

短評　文章中的「我」，是酒店中的小伙計。以「小伙計」來做為孔乙己故事的見證人。

（三）**「我」是「物」**：是指運用擬人法，把物比擬成人，以第一人稱來介紹事物的特性。

範例　以〈C肝自述〉為例——「我是肝炎病毒家族的成員之一，由於排行老三，所以，大家又稱我為『C肝』。……提起我的家族，人們都避之唯恐不及，形象壞到了極點。……我的家族成員各有各的愛好，不管萬物之靈的人們再怎麼不喜歡，我們還是要頑強的活下去，繼承祖宗的香火。我大哥，人們稱他『A肝』，醫界稱他是HAV，他的性子很急；二哥就是名聞遐邇的『B肝』，洋名稱他是HBV；我是老三，病毒界管我叫HCV。我下面還有兩個兄弟。」

短評　文章中的「我」，就是物，運用擬人化的敘述手法。

二——第二人稱記事手法（以第二人稱做為敘述的主體）

這種手法是透過某一個特定的人物——「你」的間接觀點去敘述故事，文章中沒有「我」，只有敘事者與「你」之間的關係，這是最明確的「第二人稱」敘事觀點。還有其他「第二人稱記事手法」的定義，這裡只介紹這一種。這種手法，往往可以直接和讀者傾訴、談心，使閱讀文章的人倍感親切。

範例1 以朱自清〈給亡婦〉為例——「……你雖不是什麼闊小姐，可也是嬌生慣養的。做起主婦來，什麼都幹得一兩手；你居然做下去了，而且高高興興的做下去了。菜照例是你做，可是吃的都是我們；你至多夾上兩三筷子就算了。你的菜做得不壞，有一位老在行大大的誇獎過你。……在浙江住的時候，逃過兩回兵難，我都在北平。真虧你領著母親和一群孩子東藏西躲的；末一回還要走多少里路，翻一道大嶺。這兩回差不多只靠你一個人。」

短評 這種用談心的形式，表達「你」對「我」的深情，「我」對「你」的懷念。娓娓動人，親切誠摯，效果是不是很棒？

範例2 以朱天心〈古都〉為例——「……你簡直不明白為什麼打那時候起就從不停止的老有遠意、老想遠行、遠走高飛，……你從未試圖整理過這種感覺，你也不敢對任何人說，尤其在這動不動老有人要檢查你們愛不愛這裡，甚至要你們不喜歡這裡就要走快走的時候。要走快走，或滾回哪哪哪，彷彿你們大有地方可去、大有地方可住，只是死皮賴臉不去似的……有那樣一個地方嗎？」

短評　作者以第二人稱「你」的記事手法，寫出了外省族群無奈的身分。

三——第三人稱記事手法（以第三人稱做為敘述的主體）

這種手法，不受時間、空間的限制，直接展開故事情節，進行記敘。第三人稱的敘述手法，好像一切人、事、物，無所不知、無所不曉，卻看不出作者的影子，形式上比較自由。

範例　以莫泊桑〈福樓拜家的星期天〉為例——「那時福樓拜住在六層樓的一個單身宿舍裡，……他很討厭用一些沒有實用價值的古董來裝飾屋子。他的辦公桌上……。每到星期天，從中午一點到七點，他一直都有客人來。門鈴一響，……他總是親自去開門……。第一個來到的往往是屠格涅夫。他像親兄弟一樣的擁抱著這位比他略高的俄國小說家，屠格涅夫仰坐在一個沙發上，用一種輕弱並有點猶豫的聲調慢慢的講；但是不管什麼事情一經他的嘴講出，就都帶上非凡的魅力和極大的趣味。福樓拜……十分欽佩的聽著。……過了一會兒，都德也來了。他一來就談起巴黎的事情……他只用幾句話，就勾畫出某人滑稽的輪廓。……」

短評　文章當中作者將自己隱藏，頻繁運用第三人稱的「他」，代替福樓拜、屠格涅夫、都德，交代很清楚，讀者不會誤解。在表現人物的形象、個性和思想特徵上就十分鮮明。

●結語

不同的人稱，有不同的敘述作用。如何善用你、我、他的不同人稱，做為敘述一個事件的主體線索，是以記事為主的記敘文中，必須先學會的記敘技巧。

●寫作起步走

請體會「你、我、他」三種不同人稱的記事技法，以二百字到三百字，完成下列各題。

一、一件芝麻小事
二、一場誤會
三、媽媽，你聽我說
四、○○的自述（雲、風、水、日、月……）
五、市場角落化緣的比丘（比丘尼）
六、我想通了
七、寫給移民的○○
八、阿呆，你錯了

九、肥肥，胖有什麼不好
十、住在天上的○○

●參考習作

一——我想通了（第一人稱記事手法——我）

我痴痴的望著黑板和老師，黑板上數字、符號的排列組合深深困擾著我。大腦有股腫脹、壅塞的感覺，思緒糾結一塊，就像便祕、東西卡在肛門口出不來。用力、再用力，臉上肌肉橫的豎的全都繃緊；像綠燈亮了，心裡一陣吶喊過去——噢，通了，終於通了，真是暢快呀！將腦中那塊堵塞的盲點去除後，剩下的邏輯連結、因果關係就稀哩嘩啦的湧出而全線暢通，我享受苦思之後、茅塞頓開的愉悅舒爽，如同在馬桶上拉出的那瞬間。（劉昀昇）

二——阿呆，你錯了（第二人稱記事手法——你）

就算是天才也是有弱點的。你真的很靈敏，是我相處過最聰明的人了，你在課堂上很會提問，連老師都不知怎麼回答，可是你總聽不進任何話。現實生活中並不是你可以我行我素的。上不上課好像完全由你決定，課堂上又問東問西，瞎問到老師都惱羞成怒！對，大家都知道你很認真好學，但就是問得艱澀了，所以師生之間一時都找不到答案，搞得大家滿頭霧水。

阿呆，若有好議題，課後再私下單獨和老師切磋，這樣也不會影響大家的學習進度。其實，最糟的不是課堂上的追根究柢，而是你桀敖不馴的態度。阿呆，你知道錯了嗎？（劉昀昇）

三——市場角落化緣的比丘尼（第三人稱記事手法——他（她））

溼冷冷的冬天，飄著毛毛細雨。她穿著袈裟，手托著缽，站在南門市場的柱子前，旁邊堆著簡單的行囊，這應該就是她全部的家當吧？

高瘦、蒼白的身軀，單薄的袈裟，顯然抵擋不了寒風肆虐，從縫隙鑽進她骨子裡。她嘴裡唸唸有詞，不知是因為痛苦還是寒冷，臉部肌肉緊繃。偏巧，我認得她，她是我小學同學的姊姊。

她曾是個千金女，外表秀麗而有才華，又是人生勝利組，但不知什麼因緣際會，讓她選擇出家，也許她生來就是要來慈悲天下眾生的。（劉昀昇）

記敘技巧（二）
時間交代、空間交代

●學習主題

記敘文的要素，不外乎主體（第一、二、三人稱）、事實、時間與空間。時間，是指事實的發生必有一個時間；空間，是指事實的發生一定有一個空間。這一章要介紹的是「時間交代」、「空間交代」等記敘文的寫作技巧。

●寫作要訣

在〈記敘技巧（一）——第一、二、三人稱記事〉一文中，已經提到在記事時必須注意「人稱」的統一。人稱，是作者敘述時的立足點，敘事時究竟要用第一人稱，還是第二、三人稱，這必須由內容的需要和作者寫作的習慣來決定，不能一概而論。但是，人稱一旦確定，在一篇文章當中就必須要一貫到底，不可在記事的過程中，隨便改變人稱，也不可以違背人稱的特質，寫出不符合該人稱的敘述。

其次，記敘文要注意時間與空間的交代。在記敘文的組成元素中，離不開人、事、時、地、物的內容，其中的「時」，就是關於時間的交代；其中的「地」，就是關於空間的交代。只有將時間與空間交代清楚，才能發揮「時」與「地」的作用。

時間交代法的「類型」，可以分為直接交代與間接交代；它的「方式」，可以分為具體交代與模糊交代，可以根據文章的需要，斟酌運用。空間交代法可以善用定點觀察、空間順序、空間延伸等手法，讓空間交代能有多面向的表達效果。

●表現技法

一——時間交代法

◎**說明**

在記敘文的要素中，時間是不可忽略的，任何事件的發生、人物的活動等，都與時間有關，因此，時間交代清楚是十分重要的。時間交代包括事件發生的時間和事件發展的過程。

◎**類型**

「時間交代」有直接交代和間接交代的分別。

（一）**直接交代**　就是指用年月日直接點出事件發生的時間。

（二）**間接交代**　就是用代表時間特徵的景物或是具有典型特徵的事物，間接交代出時間。

◎方式

（一）**具體交代**　是指準確的交代時間。

範例　以〈新型冠狀病毒〉為例——「二〇一九年十二月在中國就開始流傳著武漢有不明原因肺炎在流行，原本都只是網路上的流言蜚語，傳聞武漢的海鮮市場流出冠狀病毒，結果在二〇二〇年一月確診個案數大量增加。中國官方在一月九日公開確認病原體為新型冠狀病毒；世界衛生組織在一月十二日將此病毒命名為2019 novel Coronavirus；一月十三日泰國發現境外移入個案；台灣也在一月二十一日發現第一例境外移入個案，全球個案快速累積，中國許多城市也陸續封城。截至二〇二〇年四月二十一日的統計數字，全球超過兩百四十萬例確診個案，全球死亡人數已經超過十七萬人，其中中國超過八萬例的確診個案，死亡人數超過四千人；這些數字都已遠超越當年同樣是冠狀病毒——SARS的紀錄。新冠肺炎目前正處於全球大流行的態勢，確診與死亡人數正不斷增加中，目前尤其以歐美為烈……」

短評　本段文字就屬直接具體的時間交代法。史傳文學的名作《資治通鑑》、近代以來的名家回憶錄，也往往運用直接具體的時間交代法，至於媒體新聞對時間的交代更是要求具體準確。

（二）**模糊交代** 是指大概的指出時間。

範例 以〈禽流感〉為例——「根據防檢局表示：日前，雲林縣古坑鄉確診禽流感雞隻共十五例，正計劃全面消毒與撲殺。國際禽流感疫情持續升溫，新增中國、以色列、沙烏地阿拉伯及越南通報疫情，波蘭也持續通報疫情。另據台灣野鳥協會及韓國觀測顯示，近期過境候鳥數目明顯增加，而候鳥可能攜帶禽流感病毒，增加禽流感發生的風險。

防檢局呼籲，氣溫日夜溫差大，易造成家禽高度緊迫，養禽業者應落實禽場良好日常操作管理及生物安全管控措施，特別是適時調整禽舍保溫設備，加強場區清潔消毒工作，並且落實人員及車輛進出禽場管制措施，切勿增加飼養密度、延長飼養期及分批販售活禽，以避免家禽疾病的發生。防檢局也呼籲，養禽業者如發現場內禽隻有精神沉鬱、食慾不振、產蛋率下降等症狀或異常死亡情形，必須主動通報，並依照動物防疫人員指示為必要之處置，以共同防堵病原擴散。

（資料來源：行政院農委會防疫局二〇二〇年通報）」

短評 本篇就是屬於模糊的時間交代法。

二——空間交代法

◎**說明**

敘述事情，除了時間因素之外，不論事情的發生、發展，以及人物的活動，都有一定的空間因素。所以，對於空間的清楚交代，是記事明白清楚的重要條件。

◎**類型**

（一）**定點觀察法**　是指在眼力所及的空間範圍內，有條有理的敘寫這一個空間範圍內所發生的事情。

範例　以〈基隆碼頭〉為例——「海邊有一個碼頭。碼頭在變遷。老祖父對我說：『很久很久以前，這個碼頭不像現在這個樣子……』我對兒子說：『很久很久以前，這個碼頭不像現在這個樣子……最早是木船、跳板；後來是狹長的石樁、低矮的候船室；今天是現代化的高樓……』」

短評　本段文字敘寫的時間跨越了兩代二、三十年。

（二）**空間順序法**　是指按照空間的順序來進行敘寫。

範例　以〈上山〉為例——「山腳下寬闊平坦，走起來輕鬆，不礙事。走了幾個『之』字形的山路後，腳開始疲了起來，汗水直直落；大約走了一個小時後，走在只有一尺寬的險徑上，踉踉蹌蹌，兩腿不聽使喚起來，大夥兒冷汗直流；在快到山頂的邊上，有不少人已經走不動，嚮導說不能停、不准停；大家咬緊牙根，步伐凌亂，終於坐在山頂上了。」

短評　本段文字從山腳寫到山頂，把空間流動的感覺呈現了出來。

（三）**空間延伸法**　是指敘寫眼界所及的空間範圍內的事物、景物，適當合理的加以延伸，敘寫不同的事物、景物。

範例　以〈雨街小景〉為例——「雨，憂鬱的傾瀉著。淙淙的細雨正編織著幻境，使人想起荒漠的山村，小窗一角，雨聲正酣，從窗外望去，有如一張空靈剔透的紗幕，朦朦朧朧。我又想起故鄉，夜雨敲著鴨寮，鴨聲嘎嘎。一回神，我卻又看見了灰暗的窗櫺，狹小的斗居……」

短評　這段文章藉著想像延伸空間，從眼前的雨到山村的雨、故鄉的雨，再轉回眼前住處。

●結語

本節所說明時間交代與空間交代的技法，在以記事為主的記敘文中，是不可或缺的寫作要素；少了時間與空間的概念，再怎麼具體的內容，都會失去了準頭。

●寫作起步走

請體會「時間交代」與「空間交代」的寫作技法，分別以二百字到三百字，完成下列各題。

一、燈火
二、又是地震
三、停電的夜晚
四、颱風過後
五、賞花記
六、走過墳區
七、寒假日記（暑假日記、開學日誌……）
八、返鄉祭祖
九、騎單車
十、罰站的滋味

●參考習作

一　走過墳區（時間交代法〔具體〕）

民國七十一年，入贅林家的先父，為了盡孝道，徵得兩位叔叔的同意，父親獨資修繕祖墳，將先祖父、祖母以下含父輩的黃姓兄弟與林家列祖列宗合厝，一晃眼三十多年。從三星橋頭往右直視，觸目所及，但見丘與墳。老爸在第三個小山頭第四座，從一〇三年三月二十八日迄今，已滿六個年頭，再過六個寒暑，我們會隆重敦請最權威的揀骨師整理善後。依循古禮，一節一節由下而上裝入骨罈，占卜吉時良辰，一家老小會背您再上幾個山頭，誠惶誠恐的捧您的骸骨，置入您一手監建的林黃祖塋。

墓碑橫豎雜列，松柏夾狹路，蜿蜒的曲道，高低不一，起伏有度，眼前一波波的墓浪，盡是熟悉的鄉親、友朋、高鄰、學寅……過得去的，過不去的，到了這裡，在嗩吶齊吹風送之餘，入土為安，就一切都過去了，人生可以一般計較的只剩下勾纏不去的思念吧！

二──罰站的滋味（定點觀察法）

這禮拜已經是我第三次被叫到走廊罰站，我覺得這樣滿好的，可以不用忍受大家的汗臭味。走廊外，種著好幾棵大榕樹，在榕樹與走廊之間是一排花圃，涼風徐徐拂過臉龐，像一雙溫柔的手，搔癢我的肌膚、心坎。花圃的花朵搖曳生姿，煞是可愛。榕樹濃密的鬍鬚也隨風微微擺盪，右斜前方遙遠處是籃球場，大家正開心的打球。霎時，一陣強風吹來，榕樹的果實紛紛被吹落，就像下雨一樣，咚咚咚咚落地。我看向隔壁教室，嘿，你也被叫出來罰站啊！（劉昀昇）

三——開學日誌（空間順序法）

只要是學生，都喜歡放假，尤其是放寒暑假。但是今年這個寒假很詭異，有史以來沒放過這麼長的寒假，長得有點可怕。這全是新冠病毒惹的禍，誰出門都你看我、我看你，感覺病毒就在你身邊。

今天到校，每位進校門的學生都按規定戴上口罩。校門廣場，分成三列：由引導老師們指揮，左臂黏上貼紙，有填上溫度的，左邊依序站一排，可以快速通過；其餘的站中間一排，一個捱一個，接受護士阿姨額溫槍伺候；溫度超過三十七．五度的學生，迅速被引導到右邊臨時救護站，再以耳溫槍複驗。

校長站校門口正中間，學務主任和導護老師分立兩側，和學生一樣看不到完整的相貌，全校師生全是口罩式的表情，沒有以前開學五花八門的熱鬧景象了。開學第一天，從進校門開始，整個校園呆滯死寂，十分肅殺。

四——颱風過後（空間延伸法）

颱風肆虐後，天氣終於轉晴。總覺得原本青蔥蓊鬱的小樹林，一下子稀疏不少，清潔隊正在把倒塌的路樹、四散的枝幹蒐集起來運到車上。

這片小樹林原本被陽光遺棄到陰暗角落裡，多虧颱風撕裂了濃密枝葉，它們終於為陽光所眷顧。樹幹棕白色的斷截面，正以金黃色的光芒滋潤著它。我正「欣賞」這片景象時，阿嬤可沒時間瞎鬼混，除了道路及田埂外，所有田地泡在泥淖中，蔬菜該爛的早爛了，她現在正忙著清理，把還可以吃的留下來。我拉起嗓子：「阿嬤，我來了……」（劉昀昇）

記敘技巧（三）

詳敘、略敘

●學習主題

以記事為主的記敘文，要把握重點，凸顯主題。按照記事文字的繁簡，在進行敘寫時，要做到詳敘、略敘，運用得宜，這樣文章才會主題鮮明，重點凸出。敘寫時如果不分輕重，崇尚「面面俱到」，那麼文章就會單調乏味、平淡無奇，也就不能感動讀者了。這一章要介紹的是「詳敘」、「略敘」等記敘文的寫作技巧。

●寫作要訣

一篇文章的內容，究竟哪些部分應該運用詳細的敘寫？哪些部分應該運用簡略的敘寫？這必須交由文章的主題來決定。和這一篇文章關係大的，是呈現這篇文章的主要重點，進行寫作時，應當採取「詳細敘寫」；反過來說，和這篇文章關係小的，則是表現這篇文章的次要重點，進行寫作時，自然要採取「簡略敘寫」。從文章的主題，可以判定輕處與重處，輕處要略敘，下筆要「惜墨如金」，甚至輕輕帶過；重處要詳敘，落筆要「運墨如潑」，甚至濃得化不開。自古以來的名篇佳作，在文章的表達上，都剪裁得宜，講究詳敘、略敘的安排，想要抓準「淡妝豔抹總相宜」的關鍵，疏密有致，詳略得當，是唯一的竅門。

●重點提示

想要寫好一篇記敘的文章，要積極的培養靈活運用詳敘與略敘的能力。能分出文章的大小輕重，就能從容安排敘寫的「詳」與「略」，能把握文章詳敘與略敘的要領，一方面能大大凸顯主從分明、主題鮮活的效果，文章的表達就會處處顯得生動蓬勃、完美耐讀。另一方面，在措辭造語上也會產生跌宕多姿的感染力，當詳略的分寸掌握好了，那麼文章的魔力就產生了。

範例　以施耐庵《水滸傳》為例——在這部古典小說中，有「武松打虎」，也有「李逵殺虎」。武松打虎純屬偶然，並非要打老虎不可，雖然他只殺了一隻老虎，作者為了凸顯一個精敏勇敢的英雄形象，就運用「詳敘」，來為武松的第一次亮相，做完美的演出。至於李逵，個性粗魯，他一共殺了四隻老虎，殺虎打虎對他並不是什麼新鮮事，作者就以「略敘」做個交代。

●表現技法

一——詳敘法

「詳敘」，就是詳細敘寫，是指運用詳贍豐實的筆調來鋪敘，以凸顯主題。

範例 以〈我輸了〉為例——「……第一個彎道過去了，我暫居第一。第二個彎道又過去了，我的腿開始發軟，稍微放慢了速度，突然出現一陣激情的吶喊聲傳進我的耳朵。台上的同學們都站了起來，我的心快跳了出來，為了班上的榮譽，我要奪第一！我要壓線！我使勁擺動手臂，拚命向前衝，幾乎要倒了下來。加油的吶喊聲，愈來愈急，我已經聽不清運動場上誰在替誰加油了。還差五十公尺，我發現後面的選手正喘著氣，咄咄逼人，我用盡吃奶的力量想甩開他，可是雙腳不聽使喚，我咬緊牙關，恨不得一步跑到終點！突然，緊跟在後的選手像風一般飛馳而過，……比賽結束，我只得了第二名。……」

短評 由於主題是「我輸了」這一場比賽，所以「跑第二名的我」，成為「詳敘」的對象，跑「第一名」的選手運用「略敘」，反而輕描淡寫，這樣文章的主從關係就很清楚了。

二——略敘法

「略敘」，就是簡略敘寫，指以概括或簡要的敘述手法來進行鋪敘，三言兩語就輕輕帶過，做好陪襯的角色。

範例　以〈貝多芬與我〉為例——「我和他初次相遇，是在一年前生日那天，媽媽買給我一本《貝多芬傳》，從此我愛上了這位不向厄運屈服的音樂家。記得有一次，我社會科考試不及格，一個人躲在房間哭，我歇斯底里的大吼大叫。媽媽站在一旁，一句話也不吭，只是把《命運交響曲》的CD開啟，整個屋子裡迴盪著激昂、悲壯的樂聲，彷彿聽到貝多芬突破困難的力量。慢慢的，我平靜了下來。……過了一個禮拜之後，我捧著滿分的試卷，對著鋼琴台上那尊貝多芬像，喃喃自語的述說我的喜悅之情，此時《田園交響曲》響起，我彷彿陶醉在大自然優美的景色之中，也陶醉在成功的歡樂之中。……兩年多來，貝多芬陪伴我度過了人生旅途上，一次又一次艱難的關卡，我慶幸擁有這麼一位值得信賴的朋友。這是貝多芬與我的故事。」

短評　文中對於「兩年多來……人生旅途上……一次又一次艱難的關卡」，一筆就輕輕略過；對於其中一次「社會科考試不及格」與貝多芬樂曲的關係，則極力詳述。

●結語

從以上的介紹，就可以大致分別出「詳敘」與「略敘」在記敘文中的不同作用。「詳敘」，就是對於與主題關係密切，並且能夠凸出表現主題的材料，做一番翔實的敘述。「略敘」，就是對於表達主題思想的次要材料，或與主題內容關係不大的材料，進行簡略的敘寫。

同一件事，由於表現的主題不一樣，所以，詳敘、略敘的側重點就不同。在實際寫作時，一定要確定自己寫作的主題與方向，如此一來，「詳敘」與「略敘」就都有用武之地了。

●寫作起步走

請體會「詳敘」與「略敘」的寫作技法，分別以二百字到三百字，完成下列各題。

一、一場難忘的朝會
二、校慶記事
三、坐輪椅上學的○○
四、一臉鬍渣的老劉
五、加護病房
六、弟弟生病了
七、怎麼辦
八、班長發脾氣

九、又考壞了

十、回家路上

●參考習作

一場難忘的朝會（詳敘法）

朝會，升旗台下學生一如往常的吵鬧著，即使校長已手持麥克風站在司令台上，嬉笑聲仍未稍歇。「我要宣布一件遺憾的事，」校長語重心長的開頭：「有位同學，昨晚離開我們了，去天堂了……」瞬間，所有人靜默，瞪大眼睛，對於校長宣布的訊息感到錯愕、難以置信。

「他在家長期遭受後叔霸凌，心靈受創，進而得了嚴重的憂鬱症……很不幸，昨晚結束自己寶貴的生命……」校長環顧台下四周的全校師生，最後，感覺他冷冽的眼神，停留在我們班。

「同學之間要互相關懷，怎麼可以因為他不同的性別傾向，就對他進行言語攻擊……」原來，離去的人，是那位忸怩作態的男同學，平時班上同學喜歡拿他窮開心，卻不知那些話，重重傷了他。這場朝會，宛如同學的告別式，我無心聆聽校長的講話了。

是你後叔害了你，還是我們害了你，你能告訴我嗎？（吳宜萱）

二──校慶記事（略敘法）

金色的陽光，灑落在校門口高高懸掛的紅布條上，「七十年校慶」幾個大字在紅色背景的襯托下，顯得特別喜氣歡樂。學生踏著輕快的步伐走入校門，準備為這場盛大的活動揭開序幕。

操場上布滿各班的攤位，也有學校紀念商品專賣區，熱鬧無比。一旁的球場上，有校友和校隊的籃球友誼賽，加油聲不斷，揮灑著青春的汗水。偌大的司令台上有社團表演，各個社團都使出渾身解數，來自各友校的國中生萬頭攢動。也有不少家庭全員出動，到處是兜售各班食物的叫賣聲，場面十分有趣。

時間飛逝，轉眼活動即將進入尾聲，收攤的收攤，整理的整理，人潮漸漸散去。最後，在全校師生大聲歡唱校歌下，高亢而興奮的落幕。

（吳宜萱）

三──弟弟生病了（略敘法）

一向生龍活虎的弟弟，在三年前開始出現常常跌倒、無法好好握住東西的症狀，全家人都十分擔心他的病況。於是爸爸媽媽從台大看到榮總，從北部看到南部……跑遍了全台灣大大小小的醫院，得到的結論都是罹患了可怕的肌肉萎縮症，無法有效根治，只能靠藥物延長壽命，二十幾歲是平均壽命。

我們始終不願向命運低頭，翻閱了國內外大大小小的醫學報導、論文期刊，終究還是失望的結果。靠著宗教虔誠的信仰，弟弟心靈有了寄託。我們決定讓弟弟在十分有限的時間裡，能開心度過每一天，並且全家珍惜與他相處的每一刻。（邵筠捷）

記敘技巧（四）
順敘、倒敘、插敘

●學習主題

記敘文，包括五個要素：人物、事件、時間、地點和為什麼（原因和結果）。敘述的方式有很多種，基本的手法有順敘、倒敘、插敘、補敘等。後來，又從西方引進了「意識流」和「蒙太奇」等表現手法，更豐富了記敘文的表現手法。這一章要介紹的是「順敘」、「倒敘」、「插敘」等記敘文的寫作技巧。

●寫作要訣

清代文學家袁枚說：「文似看山不喜平。」說明記敘文要富有變化。根據文章中心思想的需求，記敘文除了要講究詳敘與略敘外，還要注重寫作上是否波瀾起伏、引人入勝。

●重點提示

㈠**記敘文要寫得真**　作者不必遊思冥想，虛構不實在的事件，敘寫的內容力求真實。

㈡**記敘文要寫得善**　作者應透過真實筆調，以明白或暗示的筆法，帶給讀者正確的人生方向，但勿嚴肅說教。

㈢**記敘文要寫得美**　美感是最高的目標，只有講究寫作技巧、抒寫真實的情感、引起讀者的共鳴、才能達到令人陶醉、欲罷不能的境界。

●表現技法

一——順敘法

「順敘法」，就是按照事件發展的時間先後來進行敘寫的手法。順敘法是最基本、也是最常見的記敘手法，因為用這種方法來記敘事件，和事件發生的實際情況一致，作者比較容易掌握，讀者也比較容易了解。

範例1　以藍蔭鼎〈飲水思源〉為例——「深山裡，田間溪邊住著一位老人。……有一天，他多賺了幾塊錢。……夜裡，他躺在草棚裡，愈想愈覺得要是沒有杵，自己根本不可能有這樣好的生活，……這樣一連拜了好幾個月。」

短評　全文完全依照時間和空間變化的順序來交代情節，本文主人翁是老人，時空有順序的不斷變化，使整個事件情節一一呈現。

範例2　以胡適〈差不多先生〉為例——全文採順敘法，站在旁觀者的立場，記敘差不多先生從生到死的事蹟。先介紹差不多先生的相貌；再列舉差不多先生的種種行為；接著敘述差不多先生的「差不多」個性，記敘他自食惡果，生命就斷送在自己的這種哲學上；最後記敘差不多先生死後，國人對他的稱揚與追悼，暗示中國人對差不多先生的認同，深具嘲諷意味。

短評　採用順敘法的好處，在於材料容易組織安排、條理清楚，可以讓讀者逐漸了解事物的來龍去脈。但是如果處理不當，造成平鋪直敘、缺乏變化，就會讓人感到枯燥乏味。現實生活中的許多事情，不一定開頭就很生動，所以有時候可以運用別的敘述手法。

二——倒敘法

就是指將後來才發生的事件或者結果提到前面來敘寫，把先發生的事情放到後面去敘寫，這種敘事手法叫做「倒敘法」。這種敘寫手法是為了吸引讀者，產生懸想的效果，或者為了凸顯事件的重要以及文章的重心。

範例 以〈離別的一刻〉為例——「夜已深了，我獨自躺在床上，木然的望著窗外銀盤似的圓月，不禁想起身在雲林古坑鄉下的阿嬤，想起了那難忘的離別情景。……那天一早我和小皮正玩得起勁，突然聽到一件驚人的消息。我和爸媽明天就要離開生活五年之久的故鄉，搬到台北三重去了。頓時，我的心咚咚的跳了起來……我心情沉重的走向曬穀場，阿嬤看見我，從椅子上慢慢的站了起來，看我一臉惆悵，她拍了拍我的肩膀說，要聽爸爸的話……第二天，阿嬤天沒亮就起來料理我最愛吃的綠豆稀飯。阿嬤的眼眶泛紅，那布滿皺紋的臉顯得更蒼老了。她也一定和我一樣沒睡好覺。……阿嬤、嬸嬸、叔叔、小皮送我們到客運站。一路上，誰也沒多說話，一聲不吭的走著。車子駛去時，我看到阿嬤滿臉的淚水。……一輪金黃的圓月高掛天空，我躺在床上，手撫摸著阿嬤打的圍巾……」

短評 倒敘法的作用，是為了增強表達的效果。有些事件的結局，具有特別意義，先敘寫出來可以感染人；有的是為了引起讀者的興趣，先敘寫出來，以引人入勝；有的是為了造成懸想的效果，引起讀者追根究柢的慾望。

三——插敘法

◎ **說明**

「插敘法」，就是指在某一件事的記敘過程中，中斷原來事情的記敘，插入另一段情節，但仍然必須是與這事件有關的敘述，這叫做插敘法。

◎提示

（一）**緊扣主題**　插敘部分雖非主要內容，但必須緊扣主題，不能牽扯無關緊要的事件。

（二）**簡明扼要**　插敘須簡明扼要，不可長篇累牘，導致喧賓奪主，本末倒置。

（三）**自然靈活**　插敘要自然靈活，與主要內容要搭得上。插敘完畢，要回到原來的事件。

範例　以〈關心〉為例——「細雨綿綿，扯不斷、剪不斷。我的煩惱就像這綿綿的雨絲，看不到盡頭。……想起剛剛那一幕，心中又湧起一陣委屈：為什麼爸媽為了穿鞋子這樣的小事，也要和我吵來吵去呢？難道在父母眼中，我真的永遠長不大嗎？我真不明白，父母的囉嗦難道就是他們所說的關心嗎？想想自己衝出家門時的那份失落，淚水和著雨水流下。『再也不回家了！』我暗暗下著決心。雨絲牽著煩惱在風中飄揚……『爸爸！』一聲清脆的呼喚截斷了我的思緒。我注視著一對父女，父親穿著一件單薄的襯衫，嘴角凍黑了，小女孩套著一件大得出奇的外衣。『爸爸，你冷嗎？』『不冷。你暖和，爸爸就暖和了。』『爸爸，你背我吧！這樣你就不會淋雨了。』小女孩用手擦著父親額頭上的雨水，父親滿臉漾著幸福。……我呆呆的佇立著，望著那一對父女消失在雨中，忽然，我好像明白了什麼……雨依然飄著，我轉身飛奔回家，氣喘吁吁的推開家門，只覺得一股暖流迎面撲來。」

短評　文章從「我再也不回家了」拉開序幕，以「推開家門，只覺得一股暖流迎面撲來」結束，中間插入主人翁煩惱的原因、轉變、決定，就是典型追敘式的插入法。

●寫作起步走

請體會「順敘」、「倒敘」、「插敘」的寫作技法，分別以二百字到三百字，完成下列各題。

一、一件○○的事（憤怒、難忘、傷心、困窘、意外……）

二、第一次烤肉

三、我錯了

四、記一個○○的人（老邁、殘障、幽默、不幸……）

五、咖啡香

六、祖父的遺物

七、搬家

八、○○的一天（得意、失意、充實、悲傷……）

九、媽媽的私房菜
十、賣花的歐巴桑

●參考習作

一——咖啡香（順敘法）

暖陽於東邊緩緩升起，我微睜雙眼，感受由彩色玻璃窗溜進臥房的陽光，正調皮的輕吻我的雙頰。我翻了身，盼望能再偷取一絲溫暖，以暖和我被寒冬凍僵的身子。還沒來得及翻身，鼻子已搶先一步，嗅到熟悉的香氣。

披上外套，我踩著輕盈的步伐，追尋從客廳飄來的香氣。桌上擺著兩杯咖啡，是爺爺親手調製，專屬我們祖孫的味道。爺爺告訴我，喝咖啡是一門藝術，最精髓的部分，在於那濃郁的咖啡香。品嚐前必須置於鼻前，最好閉著眼睛，緩緩吸氣，然後啜飲而下，才能喝出香醇的味道。

爺爺說：「來吧……」闔上眼，我與爺爺一同聞著咖啡香，耽溺於今早的香醇。（賴詩喬）

二——祖父的遺物（插敘法）

天空被厚重的灰布覆蓋著，轉眼間，便落下綿綿細雨。我撐開黑色大傘，傘柄上黑色的烤漆，一片片斑剝欲落，露出鏽蝕表面；傘面上方則是數個大小形狀不一的孔洞。只要雨勢稍大，即使撐著傘也同樣會被淋成落湯雞。

同學總恥笑著我的慳吝與小器，她們不明白市面上有那麼多又便宜、又好看、又實用的雨傘，為何我仍執意於這把破舊的黑傘。

「妹妹啊，下雨了，出門兜兜轉轉吧！」祖父溫暖緊實的右手將我抱起，左手撐著大黑傘。我常央求祖父換一把亮黃的傘，夜晚出門，走在馬路上比較醒目，來車也看得清楚。但是愛乾淨的祖父認為黑色不容易生灰，這個提議也就不了了之了。

我撐著傘繼續向前。五年前的雨天，祖父摸黑出門，為我買生日蛋糕的途中，遭後方來車撞個正著，手中仍緊握著大黑傘，從此再也沒有醒來過。

那位肇事的年輕人，只是說了句：「黑成一片，誰看得見？」我不慳吝也不小器，因為我明白，只要撐著黑傘，再黑，祖父也看得見……

（賴詩喬）

三——搬家（倒敘法）

跨上深藍卡車，我往回望，淚珠翻滾而落，「再見！」我輕聲低喃，離開承載著我十一年回憶的家，邁向全新的生活。

「爸爸臨時調職，我們要搬到台北去生活。」就在昨天，媽媽告訴我這個惡夢一般的消息。起初以為媽媽又如往常一樣嚇唬我，懲罰我的調皮不長進，當我看見心愛的玩偶，被紙箱一箱箱打包，書桌被拆解成零件時，我明白這一次是真的了。

我大哭著，請求爸媽不要搬家，不要離開為我遮風避雨的城堡，但他們只是雙手一攤，無可奈何。我紅著眼眶，手上拎著我最愛的貓玩偶，指尖輕觸著我在白牆上寫下的：「永遠的幸福城堡」，樓下的深藍卡車已經等待多時，我關上大門：「再見！」（賴詩喬）

四——媽媽的私房菜（倒敘法）

出門在外遊學，竟能吃到這「燒焦」的炒飯，不禁潸然淚下。

還記得小時候，父親在外辛苦工作，母親身體不好，甚至拿筆手都會抖。但為了讓我們少吃外食，她只好每天做私房菜——炒飯給我吃。可是，端上桌的並非色香味俱全、粒粒皆分明，而是全部擠成一團，還帶有燒焦味的炒飯。

只見媽媽每次都很困窘，低頭不語，我則牢騷滿腹，抱怨連連。雖然不美味，為了果腹，還是把炒飯吞下。

有一天父親宣布，要帶我到外地去讀書，心想終於可以脫離苦海了。到了國外，全部都是西方食物。某日，發現一家中式餐廳，我點了一盤炒飯，詫異的是，當炒飯端上桌，店小二表示廚師不慎將炒飯稍稍炒焦了，「如果你介意，可以再炒一盤。」

一陣酸楚湧上心頭，忽然領略媽媽不是故意的。這燒焦的炒飯，讓我產生強烈的鄉愁。燒焦的炒飯，加上思鄉的淚水，竟別有一番風味。（張譽崴）

五——賣花的歐巴桑（順敘法）

車子來來往往，呼嘯而過；紅燈綠燈管制著整條馬路。在這十字路口，有位手提玉蘭花的歐巴桑，停留在路邊，玉蘭花的香氣自顧自的四溢著。

紅燈閃起，她馬上在車陣中兜售她的「老阿嬤玉蘭花」。

敲著一扇又一扇的車門，看到的都是搖頭的多，有的理都不理。有時候，巡邏的交通警察會過來勸阻，這位阿婆總是說：「歹勢！歹勢！警察大人，請你原諒，阮尪不在了，阮子也死了，我要養孫啦……」交警聽了大多黯然離開，頂多說一句：「要小心啦！阿嬤……」

無論晴天或雨天，她總是駐足在路旁。今天又是空手而歸的日子，她閉著眼睛，躺在床上，依然輾轉難眠。看著身旁的那一藍花，縱使香氣薰人，也無法薰去心中的苦楚。想到隔代教養的命，扶養兩個孫子的歐巴桑，她的眼角溼了……

六——賣花的歐巴桑（插敘法）

「一束一百，買二送一。一束一百……」熟悉的叫賣聲又在耳邊響起。每天上學途中，經過菜市場，總會看到一位賣花的歐巴桑，熱情向路人推銷玫瑰花，卻不見有任何人趨前購買。

這一幕，讓我想起了外婆，她總是戴著斗笠，穿梭在危機四伏的車陣當中。每當紅燈亮起，她就提著潔白的玉蘭花，輕敲每輛車的車窗，儘管不斷被拒絕，她仍堅持不懈。每當有人掏錢購買，外婆就不停的鞠躬道謝，一個頭點個沒完，露出誠懇的笑容。

我駐足盯著她看，當賣花的歐巴桑向我推銷時，這一次我不再不理不睬，拿出口袋中的一百元，買了一束，並且告訴她：「我外婆也在賣玉蘭花呢……」

我們互相微笑，留下她溫暖的道謝聲後，我就前往學校了。（張譽崴）

記敘技巧（五）

逆敘、補敘

●學習主題

插敘，是在敘述的過程當中，暫時中斷主體敘述的事件，插入一些與主體事件相關的內容，接著再回頭進行原來的敘述。插敘的具體內容和形式，最少有兩種：對過去事件做片段的回憶，有人稱之為「追敘」；另一種則是對相關內容由今到古（由近到遠）、由果到因的回溯，有人稱之為「逆敘」。至於在順敘或倒敘之後，再寫一段用來補充說明或交代的文字，就是「補敘」。這一章要介紹的是「逆敘」、「補敘」這兩種的寫作技巧。

●寫作要訣

插敘靈活新鮮、多元多樣，表現的效果奇佳。善用插敘，可以讓主題更深刻，可以讓情節更充實，可以讓內容更豐富，可以讓形象更凸顯。同時在記敘結構上，也可以避免平鋪直敘，一眼能夠看到底，使文章有起伏、有變化。本章要介紹的是逆敘、補敘。

●表現技法

一——逆敘法

◎說明

「逆敘法」，就是指為了記敘清楚事件中某些環節發生變化的前因後果，沒有按照自然時序，可以做一部分的顛倒敘述。「倒敘法」，是對整個事件的發生、過程、結果，不按照自然時序來進行敘寫。由於「逆敘法」只是一部分的顛倒次序，因此在順敘中也可以插入逆敘。

◎類型

（一）從今到古　從今寫到古（由近到遠）的逆敘，在故事中一般用來概括交代或介紹人物的出身背景。

範例　以《紅樓夢》〈第二回〉介紹林如海為例——「這林如海姓林名海，表字如海，乃是前科的探花，今已升蘭台寺大夫。本貫姑蘇人氏，今欽點為巡鹽御史，到任未久。原來這林如海之祖也曾襲過列侯的，今到如海，業經五世。起初只襲三世，因當今隆恩聖德，額外加恩，至如海之父又襲一代，到了如海便從科第出身。」

短評　以上先敘述林如海的官職、出身、籍貫，然後講到他的祖父、父親，屬於從今到古、由近到遠的逆敘，使得敘述的內容更為充實。

（二）**由果到因**　由「果」寫到「因」的逆敘，主要敘述事件變化的前因後果。從時間的順序來說，「因」在前面，「果」在後面。先敘「果」再敘「因」，也屬於「逆敘」。

範例　以安徒生〈賣火柴的女孩〉片段為例——「……是一年最末的晚上。在這寒冷陰暗當中，一個可憐的女孩光著頭、赤著腳，在大街上走。她從自己家裡出來的時候，原來穿著鞋，但這有什麼用呢？那是很大的鞋，她的母親一直穿到現在，鞋就只有那麼大。這小女孩見路上兩輛馬車飛奔過來，慌忙跑到對面時鞋都丟掉了，一隻是再也尋不著，一個孩子抓起另一隻，也拿了逃走了。所以，現在女孩只能赤著腳走，那腳已經凍得全然發紅發青了。在舊圍巾裡面，她兜著許多火柴，手裡也拿著一把，整天沒有一個人買過她一點東西，也沒有人給她一個錢幣。」

短評　這一個段落，先寫「赤著腳」，接著寫「原來穿著鞋」，然後寫「鞋都丟掉了」。經過一段逆敘文字後，用一句話：「所以，現在女孩只能赤著腳走」，與前段文字相銜接。

二——補敘法

◎說明

「補敘法」，就是指在「順敘」或「倒敘」結果之後，對讀者感到困惑不解的問題，再做一番補充說明的敘述文字。這個補充交代，經常是某一事件的原因或某一事物的來歷。採用補敘手法，有時是由於故事情節本身發展的需要，有時是為了增加表達效果，故意在前面的敘述中省略某些情節，等到最後再補充交代，讓真相大白，達到懸想的效果。插敘一般是擺在文章當中，補敘則安排在文章最後。

◎提示

（一）**緊扣前文**　補敘的任務只在補充有待補充的部分，要注意緊扣前面的敘述，它不可以節外生枝。

（二）**簡潔扼要**　文字要簡明，記事要精當，不可以拖泥帶水。

（三）**合乎情節**　補敘要合乎故事情節的發展，力求自然適當。

範例　以〈〇〇七情報員〉為例——「晚飯後，一家人圍坐在電視機前，螢幕上正在放映〇〇七情報員的系列電影。螢幕上的詹姆士．龐德和一位蘇聯特務，都在火車的同一車廂裡，詹姆士．龐德被特務用槍恫嚇著。特務是一位神槍手，每次開槍必中對方的心臟。他殺人絕不手軟，不過殺人之前，卻總愛先玩弄被害者一番，好像貓抓到老鼠，要把牠玩個夠，才將牠置於死地。現在，特務便在揶揄龐德，龐德卻好像無計可施。忽然，龐德問那特務可不可以抽菸。得到允許後，便慢慢拿出鍍金菸盒，抽出一根菸，點著了，順手把菸盒放進上衣的內袋裡，就在此時，火車進入隧道，只見龐德手一揚，車上的燈泡被他手上打火機擊碎，頓時一片漆黑，在此同時，槍聲響起，接著一聲慘叫。螢幕上仍是漆黑一片，只傳出轟隆轟隆的車輪滾動聲。……沒多久，火車出了隧道，微光照進車內，特務已倒臥在血泊之中。弟弟大聲嚷嚷：『沒道理！沒道理！龐德手無寸鐵，特務手拿著槍，又是神槍手，龐德怎會沒死呢？』這時，螢幕上的龐德，用手帕把手上的尖刀抹拭一下，放回他的公事包下方的機關中，然後把手伸進外衣口袋，拿出那個鍍金菸盒。再細看那菸盒的蓋子，已經凹陷了一大片。龐德的外衣靠心臟的部位，明顯破了一個洞。看到這裡，弟弟才摸摸頭說：『噢！原來是這樣。』」

短評　上面提到電影中詹姆士．龐德把尖刀放回公事包下方的機關中，拿出凹陷了的菸盒，以及詹姆士．龐德上衣有破洞，這些敘述就是記敘文寫作法的「補敘法」。

●寫作起步走

請體會插敘法中的「逆敘」、「補敘」的寫作技法，分別以二百字到三百字，完成下列各題。

一、柯南辦案
二、東方快車謀殺案
三、殺人魔
四、臥底警官
五、一個懸案
六、一個夏天的晚上
七、小偷上門了
八、流氓教授
九、黑道大亨
十、新來的同學

●參考習作

一——東方快車謀殺案（逆敘法）

晚宴時，人們議論紛紛，談論著「那件事」，言談之間，不時充斥著猜忌與試探。車上僅有十二名乘客，凶手必定在其中，所有人都明白這一點。

昨晚，會計師薇拉在如廁途中，發現倒臥血泊的克拉克上校。根據薇拉的說法，上校身中數刀，面目慘然，手中的雪茄仍握在手上。

「其餘的，我就一概不知道了，我隨後便暈了過去。」會計師總是精打細算，如果根據她的說法，她便被排除在嫌疑的名單之外了。

然而，關於薇拉是否為凶手，仍然未有定論。並且有人將矛頭指向第二位抵達的服務生萊曼，甚至有不在場證明的法官也同樣遭受懷疑。人們互相猜疑、指控，直到晚宴，仍未停歇……

（郭宇瀚）

二——一個夏天的晚上（逆敘法）

襁褓中的嬰兒，哭個不停，卻無任何人現身關顧。然而嬰兒的父母，縱橫倒臥在血泊之中，早已氣絕多時。

林家是當地的富豪之家，上週喜獲麟兒。前來祝賀的賓客多得數不清，有些是林家的世交，甚至主人都不曾見過面。為了感謝親朋好友平時對妻子的關心與照顧，主人辦了一場盛筵。筵席結束，時針緩緩指向「十二」，夜幕低垂，主人抹了抹額頭的汗珠，準備將大門關上。突然間，一股強大的力道由外而內，林先生被撞倒在地，一群身著黑衣的蒙面男子，手持黑槍，大聲吆喝：「走，保險箱在哪兒……」

警察一把抱起啼哭不已的嬰兒，望向已被黃線封鎖的林家大院。根據記者現場採訪的初步結論：「這應該是一樁單純的搶案，歹徒做案的手法十分專業，林姓主人死在保險箱附近，妻子先把小孩抱上二樓，再緊急衝下來，死在一樓樓梯口……」（江品嫺）

三——殺人魔（補敘法）

昨天夜裡，我與長官胖哥接了一個任務，將於今日清晨出發，追捕血腥殺人魔「六七」。六七的作案風格極為殘忍，而且令人摸不著頭緒。對於此次任務，我與胖哥十分戒慎小心。

才剛抵達六七的神祕住處，一顆子彈朝著我們筆直飛來，我連忙出手反擊猛射數發，草叢中的黑衣人應聲倒地。我得意的回頭，正準備向胖哥炫耀，突然間，眼前一片黑。

等我醒來，手腳被捆，站在眼前的正是六七，他怎麼逃過我的射擊的？我擊中的又是誰？

六七緩緩向我靠近，撕下臉上的人皮面具，對我冷笑說：「你的胖哥，剛剛死在你精湛的神射下……」六七踩著躺在血泊中，嘴巴塞滿衛生紙的胖哥身上，我說不出話來。

「想跟我玩，還得學學……你是要痛快的走，還是要慢慢的死，你選一種……」眼下我很想昏過去……

（賴詩喬）

四——臥底警官（補敘法）

趁著月黑風高，黑面仔熟練的指揮手下們裝箱、搬運黑沉沉的箱子，箱子裡全是毒品。眾人手忙腳亂之際，有一名蓄著落腮鬍的手下，藏匿於貨車底部，手持一個黑色小包包。忽然，他像貓似的爬出車底，擊倒了數人後，一個旋身飛踢，撂倒黑面仔，他挾持黑面仔。黑面仔大吼：「想謀反喔……兄弟們，拿下……」

話聲才歇，一陣刺眼的強光襲來，「別動！你們被捕了……」一些小弟們做鳥獸散，然而強大的警力全面壓制，一個也跑不了。這時，那位落腮鬍手下，取出藏於口袋的相機，交給刑警中隊長：「長官，所有犯案過程全都錄，請您過目。」

臥底警官，他是大功臣。

（郭競升）

記敘技巧（六）

平敘、散敘、環敘

●學習主題

在記敘文當中，當碰到人物眾多、事情複雜的時候，傳統的基礎記敘法，就嫌不敷表現了。在記敘的結構上多線發展、交錯穿插的需求就大大增加，不管人物或事件，往往有多重變化的表現手法。這一章要介紹的是「平敘」、「散敘」、「環敘」等記敘文的寫作技巧。

●寫作要訣

記敘文仍然要有材料組織與布局結構的考慮，一篇文章如果只有一條線索、一個人物、一個事件，那麼在文章的安排上是比較單純的。可是如果內容複雜、人物眾多、事件多樣，我們在文章進行記敘的時候，自然就必須因應比較多環節的實際需求，在連綴人物、材料、敘述多重事件上面，就必須好好構思。在記敘比較多的情節，處理比較紛繁的事件時，如果不能清晰的記敘，詳略處理失當、事件糾纏冗長，文章就會亂七八糟。

●表現技法

一——平敘法

「平敘法」，就是指把同一時間發生的兩件或兩件以上的事情，敘述清楚的手法，一般會同時考慮到時間與空間的問題。一方面注意到時間上縱向的連貫，另一方面又兼顧到空間上橫向的聯繫，把同一個時間、不同地點所發生的錯綜複雜的事情，敘寫得既扣人心弦，又有條理。在同一時間內同時進行的幾個局部事件，能夠串聯緊湊，這就必須運用到平行記事的平敘法。

範例　以〈最後一堂課〉為例——塑造充滿教育愛的吳老師。文章分成兩條線同時進行，一條線敘寫班長到處找吳老師，由於歡送吳老師的茶會即將開始，卻不見吳老師的蹤影，急得班長滿頭大汗；另一條線敘寫吳老師正鉅細靡遺的向代課老師移交班上同學的各項資料，因為太投入而忘了時間……平行敘述之後，再安排班長終於找到吳老師，然後在如雷的掌聲中，吳老師與代課老師同時出席茶會，開始了溫馨的惜別場面。

短評　同時進行兩條線，其中一條線敘寫班長到處找吳老師，另一條線敘寫吳老師正鉅細靡遺的向代課老師移交班上同學的各項資料，這就是典型平行記事的「平敘法」。

二——散敘法

「散敘法」，就是指把好幾個有密切關係的事件，安排組合起來一起敘寫，從各個不同的角度來凸顯主題的敘述手法。像寫人物，就蒐集他不同的人生點滴、活動來做敘述，以表達他的個性和特徵；又如敘寫事件，就針對這個事件的不同過程、不同場面的敘寫，來表現這個事件的特點。運用散敘法，並不意味著可以拉拉雜雜的拼湊，所敘述的事件，固然可以分別獨立成為一個獨立段落，但是都要圍繞共同的中心主線，表達相同的主題。就像觀賞一部電影，透過很多片段，從不同角度來表現一個人或一件事的整體面貌，呈現多元多角的效果。

範例　以〈哥哥回來了〉為題——「小明的哥哥到峇里島去旅遊，今天才回國。哥哥一五一十的告訴小明，他套上拖曳傘被快艇拉著升空的刺激情景……接著他拿出一個小小的神像給小明看，……還告訴小明當地的廟宇是如何如何的香火鼎盛。最後，他口沫橫飛的向小明敘述那裡的海邊如何迷人……」

短評　文中小明的哥哥這樣告訴小明他旅行的趣事，就是運用了「散敘法」。

三——環敘法

「環敘法」，就是指以一個主要敘述點做中心，運用多次穿插，跨越時空，把好幾個事件或者場面的片段連接起來，讓這些局部的事件，形成環環相扣，渾然一體的敘述手法。環敘法，要講求各個片段的情節與主敘述點之間必須有密切的關聯。同一事件的種種情節，都必須要緊密連結起來，共同迴環重複同一個敘述點，多層次、多角度、多面向的刻劃人物或敘寫事件，以來表達主題。

範例　以〈小生——楊麗花〉為例——可以從歌仔戲天王楊麗花在國家戲劇院表演起，到表演結束為止，敘述點一直在國家戲劇院的舞台上。一方面敘寫楊麗花在舞台上的出色表演，一方面多次穿插、敘述她歌仔戲的世界。從苦練、出道、野台戲、電視歌仔戲……不斷攀登歌仔戲民間藝術高峰的傲人成就，使得她奮鬥的前半生與台上的精湛演出，成功的喜樂與辛勤的血汗交織記敘，塑造楊麗花傳奇一生的點點滴滴，效果自然就鮮明而深刻了。

●結語

一般在介紹記敘文的基本技法時，大多停留在順敘、倒敘、插敘、補敘這幾種層次，平敘、散敘、環敘，是不是讓你學到新的功夫了呢！

●寫作起步走

請體會「平敘」、「散敘」、「環敘」的寫作技法，分別以二百字到三百字，完成下列各題。

一、嫌疑犯
二、逛南門市場
三、士林夜市小吃
四、台南小北街傳奇
五、陸空大搜山
六、雲門舞集的故事
七、布袋戲王
八、新冠肺炎疫情
九、火燒山
十、死囚捐器官實錄

●參考習作

一——嫌疑犯（平敘法）

在暗巷中，有個黑衣男子，邊跑邊往後看，呼吸急促，神情緊張，似乎在躲避著什麼？喔伊——喔伊——，警鈴聲傳遍了暗巷中的每個角落，彷彿監獄誤觸了某個開關，風聲鶴唳。黑衣男繃緊每一條神經，在狹小的巷子裡沒命狂奔……紅藍相間的警燈不斷閃爍，警方早已在每個巷口部署警車。警察各個睜大眼睛，緊盯著自己負責的巷口，深怕錯過逮捕嫌疑犯的機會。

忽然，黑衣男從漆黑的巷子裡衝出，「別動！」警察已團團包圍。槍口對準黑衣男，蓄勢待發，黑衣男見情況不妙，回頭再竄入暗巷中，「砰！」警察往空中鳴槍，被槍聲震懾住的黑衣男，手足失措，癱坐在地。兩、三名員警第一時間，同時飛撲向前，將黑衣男壓制在地。「趴下！」面目猙獰的黑衣男上了手銬，仍頑強的抵抗著警察的制伏。（郭競升）

二——嫌疑犯（散敘法）

「新聞快訊：○○地區一棟老舊公寓發生殺人命案，真相有待警方釐清……」電視新聞跑馬燈不斷播放。

案發現場，被害人身上有多處刀傷，地上的鞋印為一名中年男子所有。同時被害人屍體附近，留下一個沾有血跡的「王」字。根據鄰居的說法，案發當天看到一名可疑分子，戴安全帽、口罩，身高約一百八十公分，身形瘦長，這個特徵與該王姓嫌疑人吻合。

案發前半小時，街道上監視器拍到王姓男子出現在便利商店內，購買水果刀。警方傳訊王姓男子，該男子供稱：「這把水果刀是派對切水果用的。」案發當下，該男子確實出現在派對中，並且三十分鐘之內確實能夠抵達派對地點，同樣的水果刀也出現在派對中，因此該名王姓男子具備完美的不在場證明。而且被害人的家屬表示：被害人應該不認識該名男子。這個案件具有重重疑點，真相撲朔迷離，有待警方進一步釐清。（張譽崴）

三——嫌疑犯（環敘法）

警笛不斷響起，對著大樓內的嫌疑犯施壓，外頭圍繞著封鎖線，大批警力駐守。新聞採訪車與記者蜂擁而至，爭相採訪剛剛與嫌犯談判的指揮官，指揮官不發一語，走上保母車。

沒過多久，一名中年婦女與年輕女子下了車，跟著警方走入大樓。現場依然時不時傳出呼籲嫌犯棄械投降的廣播，路上圍觀的人愈來愈多，聲音嘈雜，氣氛詭異，一架直升機在空中盤旋著，現場的民眾都感染了緊張的氛圍……

終於，在中年婦女和年輕女子的陪同下，殺人嫌疑犯戴著口罩現身，雙手上了手銬，由霹靂小組員警帶上警車……警車啟動，喔咿喔伊喔伊……

（王品方）

四——逛南門市場（平敘法）

南門市場是個傳統老市場。市場邊是赫赫有名的肉羹小吃，一群學生坐定，嘻笑怒罵引來不少人側目，店家上上下下吆喝著。

少男少女手握著手機、耳掛著耳機，時不時傳來大笑與大鬧聲，「屁啦」、「你腦殘喔」、「你才豬頭灌水哩」……等久了索性站在路邊吹風，聊天打屁，興高采烈的說著學校的趣事。

由外往店內望去，老闆滿頭大汗的煮著：鼎邊趖、肉羹、滷肉飯……一道道美食往內遞，忙得不可開交。熱呼呼的爐台前，老闆汗水如注，內用的單子接不完，外帶的排成長長一排……

想吃的客人太多，媽媽說：「我回去做給你吃……」

五——士林夜市小吃（散敘法）

週末假日，全家一同來逛士林夜市，吃台灣美食。雞排攤是第一站，小販前排隊的人潮蜿蜒不斷，每個人都心繫著油鍋中吱吱作響的雞排。只見老闆身手熟練，起鍋，撒上調味料，雞排到手，忙著往嘴裡送。

章魚燒，曾經是小時候的最愛，老闆將特調汁液淋入模板，火候一到，以叉子將一顆顆成型的章魚燒勾刺挑起，撒上柴魚片，淋上美乃滋，又是一道色香味俱全的夜市小吃。

還有遠近馳名的大腸包小腸，鬆軟的糯米腸從中間切出隙縫，裡面包著剛烤好還帶著點焦香的香腸。張開大嘴，一口咬下，糯米腸與香腸兩種口感交織，真是妙極。

我們的夜市之旅，也在一道道美食中畫上句點。（王品方）

六——士林夜市小吃（環敘法）

士林夜市受到外國遊客的愛戴，並不是沒有原因的。炸雞排非常美味，「卡滋，卡滋……」咬下金黃酥脆的外皮，那不僅僅是裹上粉，店家聲稱有特殊調味祕方，即便光吃外皮也不覺得膩。高溫油炸，肉汁全都鎖在裡面，不同於其他雞排又乾又硬。鬆軟、多汁，一口接一口……

以前也和表姊來過。臭豆腐也是一絕，是士林夜市不可錯過的美食。「臭味一飄九百里，不臭免錢」，當年那個店小弟大聲吆喝著。除了又燙又脆的口感外，最特別的是，中間挖一個洞填入泡菜，加上自調的辣醬，叫人讚不絕口……

去年烹飪老師特別介紹士林的生煎包名店——老鐵鍋；生煎的小肉包，黃黃脆脆的外皮，再撒上芝麻，邊咬邊燙嘴，過癮極了！

還有蔥抓餅、大腸包小腸、米粉湯黑白切、花生豬腳、古早扁食湯……這些吃不膩的士林小吃，令人回味無窮！（張譽崴）

記敘技巧（七）

記敘寓情、夾敘夾議

●學習主題

記敘常和描寫結合、以記事為主。此外，以抒情的語氣來敘述，以及以議論為筆調來敘述的文章，屢屢可見。記敘中寄寓情感，邊敘述邊議論，也是屬於記敘文的範疇。這一章要介紹的是「記敘寓情」、「夾敘夾議」等記敘文的寫作技巧。

●寫作要訣

記敘文和抒情文常常混合運用在一起，有時候很難純粹區分兩者；記敘文中往往帶有抒情的成分，抒情文也離不開記敘的事實。記敘文有細緻的抒情，就不會形成流水帳；抒情文有記敘的事件做依據，文章才不會流於無病呻吟。想要把記敘文章寫得跌宕多姿、峰迴路轉，最佳的捷徑就是運用懸念、巧譬設喻等技巧，製造一波三折的美感效果。

●重點提示

記敘無情，文章自然索然無味，所以，記人敘事可以善用寄寓情感的手法。在記敘客觀的事件時，字裡行間處處洋溢著作者的真實情感，讓人讀了之後，感到自然親切，真實可信。

夾敘夾議，就是敘述中夾雜議論的成分，也是一種常見的表現手法。記敘文中，針對某一個具體情節或事件而產生的議論，往往擺在文章的最後。一般來說，在記敘文的範疇中，文章一開頭就議論或抒情的並不多，就算有，也必須簡潔。記敘文中議論的作用，最常見的是畫龍點睛，用來揭示一篇文章或一個段落的主旨。

●表現技法

一——記敘寓情法

「記敘寓情法」，就是指在敘述的過程當中，把作者對事件的態度、情感等等，不露痕跡的融入其中。敘事是記敘文的主要表達方式，如果能掌握生動感人的抒情筆調，敘述中適度的寄寓情感，是提升記敘文品味的最佳捷徑。

範例　以〈珠算檢定考試前夕〉為例——「……老爸進來我的房間，手裡拿著新買的計時器：『阿忠，這個給你！』我默默接下來，感覺好像接過救生艇的槳，老爸拍了拍我的肩膀，無聲的朝我笑了笑。……老媽也慈愛登場，端著一碗我最愛吃的燒仙草，叫我停止練習，休息一會兒，一邊心疼的摸著我的手：『手都長繭了。』老媽摸了摸我的頭，小心翼翼的走出了房間。……晚上九點半，姊姊結束學校晚自習回到家，放下書包，幫我削鉛筆，准考證別在衣服的左上角，然後，按照慣例，用纖細的雙手，捏捏我的臉頰：『這回拿下二段，我請你吃肯德基。』……喝著熱呼呼的燒仙草，手握著嶄新的計時器，看著削得整整齊齊的鉛筆，發覺自己眼眶溼了。……我遙望著星空，想想明天就是珠算檢定，我相信老爸、老媽和老姊的心與我同在，明天的挑戰，我一定要贏！」

短評 本篇在敘述表達上獨具匠心，字裡行間充滿溫情，令人感動。考前的全家總動員，老爸、老媽、老姊的關愛，完全表現在敘述之中。文章整體而言，記敘有力，情感真實動人。

二——夾敘夾議法

◎**說明**

「夾敘夾議法」，就是指在記敘的過程中，把自己對所寫的人或事物的看法，以議論的手法表達出來，是一種記敘、議論虛實相間的手法。

◎**類型**

（一）**先敘述後議論**

（二）**先議論後敘述**

（三）**邊敘述邊議論**

議論要有感而發，所記敘的內容應該自然引出內心的情思，千萬不要落入俗套，人云亦云，變成言之無物的空洞議論。

範例　以〈觀音山行〉為例——「這是一座頗有幾分荒涼的山，駐足山腳下，只能望見滿山的綠和層層排列的墳場。聽老師說觀音山是個好去處，於是，我動了一探究竟的念頭。……我選擇一條小道，邁出了我的第一步。望一望藍天，聽幾聲鳥鳴。露水沾溼我的鞋，身邊的灌木時時牽住我的裙襬。偶爾踩上幾粒石子，發出一陣脆響，敲碎了周圍的寧靜。……走了大半天，開始氣喘吁吁，吃力的撥開一根根細枝，步子愈來愈慢……皮膚被荊棘刮破了，被汗水一蜇，很疼。臉上的汗與土混在一起，順著被攪亂的頭髮往下淌。……忽然，眼前一亮，一陣驚喜掠過心頭：到頂了！沒有繽紛的花，沒有潺潺的水，沒有一覽眾山小的氣勢，甚至沒有蟲鳴鳥叫。總之，沒有我希望的一切。我心中掠過一陣深秋的寒風，我驚愕這綠色的肅殺與荒涼。……回想一下，假使今天我避荒而行，雖不會領受這份艱辛與失望，但也同樣領略不到造化的清純與幽靜。所以，今日觀音山涉荒行，收穫也不少。……長輩們常告訴我們處事不可衝動，可是平坦的路缺少那一種荒涼的美麗。少年的夢有時可笑，但是熱烈的青春是永不後悔的。……聽說，在觀音山上看淡水落日，那份享受很難得，我一定要找機會再體會一次。觀音山行讓我學會了披荊斬棘，我相信：最後必能尋著那份深藏在荒山中最真、最美的自然。」

短評　前文屬先敘述後議論的類型，從「回想一下」以下，都是屬議論，安排在文章的最後。

●結語

在記敘的過程中，由於所記敘事件的觸動，產生出相應的感想，由此借題發揮而形成議論，這就是敘述與議論的結合。最後，必須要記住的是，敘述是重心，議論則是點睛之筆。因此，記敘文中議論篇幅應該是少而精的。

●寫作起步走

請體會「記敘寓情」、「夾敘夾議」的寫作技法，分別以二百字到三百字，完成下列各題。

一、傘的故事

二、笑聲

三、哥哥考壞了
四、醫院裡的神奇世界
五、釣魚記
六、我的第一封信
七、我失去了一樣東西
八、我是童子軍
九、告別母校的一刻
十、戲說我爸我媽

●參考習作

一——釣魚記（記敘寓情法）

週日早上，我仍躲在被窩享受慵懶時光。爸爸忽然敲門：「快起床！跟我去釣魚！」

新北市平溪是個小山村，沒想到爸爸會來這裡「溪釣」。小溪潺潺，我們選定一個小溪潭邊坐定，父子倆並肩坐著，山上的爸爸比較愛說話。

我結婚不久，碰到台灣錢淹腳目的好時光，不到三年就賺進三千萬。可惜不懂得守成，任意揮霍，不到三年又虧光光了，還差點賠上了婚姻，要感謝你老媽的支持。

我小時候不愛讀書，天天被老師打屁股，那時候鄉下老師很嚴格。我不寫功課，愛戲弄女同學，常常翻牆溜出去玩，是班上的頭痛人物。我這麼嚴格要求你，就是因為自己學習不順利，不希望你重蹈覆轍。

日落西山，我們釣了不少溪哥仔。回程搭火車跨上車廂時，我看到爸爸頭髮已漸漸灰白了。

二——哥哥考壞了（夾敘夾議法）

哥哥是考試常勝軍，是那種每次都上台領獎的考試鋼鐵人。六年級第一次段考，他輸給三位同學，發布成績的那一刻，當場氣哭了，嚇壞級任老師。隔天週六，哥哥參加露營。級任老師到家裡進行家庭訪問，和媽媽溝通，希望哥哥別那麼在乎成績，偶爾考壞是很正常的事。

聽說學校老師來了，我躲在飯廳櫃子邊，不敢出來。哥哥的級任老師跟媽媽說：「小智很聰明，學習能力很好，態度也很認真。五年級功課都獨占鰲頭，真的是班上的模範生，但是輸不起。陳媽媽，這一次他這麼崩潰，我們要好好溝通一下。」媽媽聽著聽著，竟然也啜泣了起來。她說：「這要怪我，我太要求他了，每次都要求他拿第一名。」老師說：「人生不可能事事都第一，盡力最重要，心態最重要。贏得全世界、卻輸了自己，這樣值得嗎？」

媽媽送走了老師，一切雨過天青，媽媽走路都輕鬆起來了。她對著我說：「小公主，都聽到了喔！媽媽太苛求了，我們今晚給哥哥『惜惜』。」

抒情技巧篇

抒情是人們表達思想情感的基本手法。人們為了要抒發自己的喜、怒、哀、樂，除了「直接抒情」外，還能透過記敘、描寫、說明、議論等文體來進行「間接抒情」，如借景抒情、觸景生情、詠物寓情、詠物言志等等。

抒情技巧（一）

直接抒情法

●學習主題

簡單的說，抒情文就是抒發情感的文字。它和記敘、描寫、說明、議論等等都是基本的文體之一，除了直接抒發心中的感情之外，一般感情的抒發，往往需要憑藉其他文體來呈現。也就是說，我們可以透過記敘來抒情，也可以透過描寫來抒情；可以透過說明來抒情，也可以透過議論來抒情。透過其他文體來達到抒情的目的，我們就稱為「間接抒情」。這一章要介紹的是抒情文中「直接抒情法」的寫作技巧。

●寫作要訣

我們常說：「情動於中而形於外。」抒情，是寫作的主要原因之一。寫文章不管是描摹事物，或闡述某種道理，都會牽動作者的喜、怒、哀、樂。透過各種不同的手法，把這種喜怒哀樂之情表現在文字上，就是抒情。白居易也說：感動人心，沒有比「情」更重要。一篇文章如果能做到感情濃郁，真誠懇切，往往就能引起讀者的共鳴，增加文章的感染力與吸引力。文章不是無情物，甚至可以說「字字句句總關情」。所以，「抒情」往往是寫好一篇文章的重要關鍵。

●重點提示

直接抒情法是以第一人稱——「我」，做為抒情的主體，是直接抒發作者思想情感的一種寫作方法。當作者情感澎湃，不直接抒發不足以表達強烈感受的時候，就可以運用這種方法。不必借助任何「附著物」，不講究含蓄委婉，直接表白和傾吐自己的思想感情，讓思想感情毫無遮掩的表露，就會顯得坦率、誠懇、不造作，容易打動人心。

運用直接抒情法，看似容易，卻很難拿捏。進行寫作時要注意以下兩點：

㈠**真情流露**　情感要真實自然，千萬不能虛偽。

㈡**背景交代**　感情是個人的經驗，要讓讀者了解感情產生的背景。

範例1　以陶斯亮〈一封終於發出的信——給我的爸爸陶鑄〉為例——「爸，我在給你寫信。人們一定會奇怪：『你的爸爸不是早就離開人間了嗎？』是的。爸爸呀！早在九年前，您就化成灰燼了，可是對我來說，您卻從來沒有死！您只是軀體離開了我們，您的精神卻一直緊緊的結合在我的生命中。您我雖然在兩個世界，永無再見的那一天，但我卻銘心刻骨，晝夜思念，與您從未有片刻的分離……」

短評 以上是文章的第一節，文字誠懇、真切，作者直抒胸臆，充分表達兒女對父親的懷念和崇敬的真實情感。在這篇短文中，「您卻從來沒有死」、「您的精神卻一直緊緊的結合在我的生命中」、「但我卻銘心刻骨、晝夜思念，與您從未有片刻的分離」，字字出自肺腑，感動人心。

範例2 以魯迅〈為了忘卻的紀念〉為例──「我早已想寫一點文章來紀念這幾個青年作家的。這並非為了別的，只因為兩年以來，悲憤總時時襲擊我的心，至今沒有停止。我很想藉此算是竦身一搖，將悲哀擺脫，給自己輕鬆一下，照直說，就是我倒要將他們忘卻了……」

「在一個深夜裡，我站在客棧的院子中，周圍是堆著的破爛的什物；人們都睡覺了，連我的女人和孩子。我沉重的感到我失掉了很好的朋友，中國失掉了很好的青年，我在悲憤中沉靜下去了，然而積習卻從沉靜中抬起頭來……」

「前年的今日，我避在客棧裡，他們卻是走向刑場了；去年的今日，我在砲聲中逃在英租界，他們早已埋在不知哪裡的地下了；今年的今日，我才坐在舊寓裡，人們都睡覺了，連我的女人和小孩。我又沉重的感到我失掉了很好的朋友，中國失掉了很好的青年，我在悲憤中沉靜下去了，不料積習又從沉靜中抬起頭來……」

短評　第一段「只因為兩年以來，悲憤總時時襲擊我的心」；第二段、三段反覆發抒「我沉重的感到我失掉了很好的朋友，中國失掉了很好的青年，我在悲憤中沉靜下去了」，都以悲憤深沉的筆調來敘述作者的心語，娓娓道來，真誠感人。

●結語

上面兩個例子，都是運用直接抒情法進行抒情寫作的成功例子。直接抒情之所以引起共鳴，正因它能誠摯而濃烈的表現真實的情感，緊緊抓住讀者的心。所以，直接抒情法最少要做到：第一、情意要真誠懇切；第二、文字要質樸自然。

●寫作起步走

請體會「直接抒情法」的寫作技法，分別以兩百字到三百字，抒寫一個片段。

一、安息吧！奶奶

二、我真後悔

三、想不起你的模樣

四、寄不出去的心裡話

五、黑板的記憶
六、大榕樹下的笑聲
七、握住你冰冷的手
八、都怪我不好
九、一個佝僂的背影

●參考習作

一——想不起你的模樣（真情流露法）

陽光躲在雲層後邊，若隱若現，天氣雖然陰冷，卻不減場上加油吶喊的熱情。我也是那坎坎擊鼓的一員，奮力的搖手吶喊，為你加油。

看著你接過棒子，邁開腳步，大跨步的向前衝，彷彿衝撞在我的心上——不旋踵間，怎麼你已這麼大了！時間帶走了稚嫩的你，我再也想不起你的模樣。剛學走路時的你，是什麼模樣呢？你的小手是如何緊緊抓著我，是如何踏出你的第一步呢？跌倒時你的哭聲是如何？又是如何呼喚我？我已想不起你的模樣。

時間把你帶走，我該到何處去尋覓？看著你高大的身影，迅速從我眼前飛奔而逃，我知道你是不會為我停留的。只希望偶爾你仍會依偎在我身邊，讓我重溫你兒時的親密，即使我想不起你的模樣。擂鼓聲加劇，你以最自信的眼神，交出棒子……

（吳佳穎）

二——握住你冰冷的手（真情流露法）

「叮鈴……叮鈴……」的風鈴聲，奏響了我們歸來的訊號。在厚重的大門後，理當出現的歡迎曲，卻意外的失落在靜默的空氣中。我不安的呼喊你的名字，卻始終喊不出那個叼著小球、使勁搖尾的身影。

我想，你一定是在跟我玩捉迷藏。於是，我躡手躡腳，深怕太快揭曉充滿未知的結局。就在我逐步踏向深處，我看見動也不動的你，將自己完美的隱藏在桌下一隅。我顫抖的牽起你的手，然而，回應我的不再是熱切等待餅乾的握手秀，而是不再溫柔的冰冷與僵硬。

我握住你冰冷的手，使勁搖晃著，彷彿只要用點力，便能搖盪出我們的歡笑，融化此刻凝結的空氣和無邊無際的寂寥；我握住你冰冷的手，任淚水恣意的流淌，彷彿只要用點心，就能沖刷這場惡夢，喚回我倆十年的款款深情。

我確認你以最冰冷的手，向人間告別了。

（柯方渝）

三——一個佝僂的背影（背景交代法）

每當我們一家大小從台北回到羅東，推開門看見的，必定是在廚房為我們張羅午餐的背影。父親年紀很大了，又長年為氣喘所苦，行走做事皆不甚方便，但他仍堅持要親自做飯給我們吃。看著他微彎的背，蒼白的髮，聽著他氣喘吁吁的呼吸聲，都叫我心中非常不捨。幾年前，父親檢查出罹患大腸癌，我的世界彷彿蒙上厚厚的灰，再也看不見光亮。

父親住院接受治療的那段時間，一有空，我就回羅東看他，進家門時只剩空蕩蕩的屋子，還有一股黏人的溼氣，看不見父親在廚房煮飯的背影。那一瞬間，失去的恐懼抓攫我的心，整個屋子快讓人窒息。

現在當我推開家門，又看見父親佝僂的背影，微彎的背，蒼白的髮，又回來了。有那一個佝僂的背影，才是我的家，我才能回家……

（吳佳穎）

抒情技巧（二）

借景抒情法

●學習主題

文章不是無情物，除了直接抒情外，間接抒情往往要借助於記敘、描寫、議論與說明；或借景抒情，或觸景生情，或借事抒情等等。

人是有感情的動物，這些感情的種類很廣，例如：喜悅、憤怒、悲哀、驚懼、厭惡等等都是。每個正常的人，都具有這些情感。把這些不同的情感，透過文字表達出來，就是抒情文。這一章要介紹的是抒情文中「借景抒情法」的寫作技巧。

●寫作要訣

透過強烈的感情（如喜怒哀樂等等）去描寫景物，藉著景物來抒發心中的情意，這種表達抒情的手法，就叫做「借景抒情法」，也有人稱做「寓情於景法」。運用這種手法進行寫作時，文章只有寫景，不直接抒情，而以景物描寫來替代感情的抒發。這種表達手法與直接抒情法比較起來，就含蓄了許多。王國維在《人間詞話》一書中說：「一切景語，皆情語也。」可以道盡借景抒情法的特性。杜甫的〈春望〉一詩（前四句）：「國破山河在，城春草木深，感時花濺淚，恨別鳥驚心。」這位唐代的偉大詩人，就是透過草木花鳥等擬人化的寫景手法，來抒發自己對紊亂政局的悲憤之情與離散的憂傷之情。

● 重點提示

借景抒情法，如果運用得當、表達得宜，在文章中往往能發揮強大的感染力。但是，必須注意以下幾點：

（一）**情感要真實**——故意做作或無病呻吟，就不足以感人。

（二）**寫景中要見情**——景物之語就是感情之語，寫景的目的在於抒情。

（三）**情感要健康正面**——必須運用積極的態度、內容、感情來感染讀者。

範例1　以朱自清〈春〉為例——「盼望著，盼望著，東風來了，春天的腳步近了。一切都像剛睡醒的樣子，欣欣然張開了眼。山朗潤起來了，水長起來了，太陽的臉紅起來了。……小草偷偷的從土裡鑽出來，嫩嫩的，綠綠的。園子裡、田野裡，瞧去，一大片一大片滿是的。坐著，躺著，打兩個滾，踢幾腳球，賽幾趟跑，捉幾回迷藏。風輕悄悄的，草綿軟軟的。……桃樹、杏樹、梨樹，你不讓我，我不讓你，都開滿了花趕趟兒。紅的像火，粉的像霞，白的像雪。花裡帶著甜味；閉了眼，樹上彷彿已經滿是桃兒、杏兒、梨兒！花下成千成百的蜜蜂嗡嗡的鬧著，大小的蝴蝶飛來飛去，野花遍地是：雜樣兒，有名字的，沒名字的；散在草叢裡，像眼睛，像星星，還眨呀眨的。……雨是最尋常的，一下就是三兩天。可別惱！看，像牛毛，像細絲，密密的斜織著，人家屋頂上全籠著一層薄煙。樹葉子卻綠得發亮，小草也青得逼你的眼。……傍晚的時候，上燈了，一點點黃暈的光烘托出一片安靜而和平的夜。鄉下去，小路上，石橋邊，撐起傘慢慢走著的人；還有田裡工作的農夫，披著蓑，戴著笠的。他們的草屋，稀稀疏疏的在雨裡靜默著。……」

短評　透過春天的來臨，來歌頌春天。藉著春草的生長、春花的開放、春雨的飄落等等刻劃春天的美，來表達人們盼望春天的情緒，這就是借景抒情的手法。

範例2　以林力〈春雨〉為例——「春雨，古今中外有多少人讚美你！……春雨，你可知道農民是怎樣的盼望你呀！春雷一聲，你可來臨了，無聲無息的下著，雨絲如煙似粉。竹林裡新撥節的翠竹，田野裡的綠苗，池塘邊的垂柳，剛剛綻開的粉色桃花，在水霧碎雨中，綠瑩瑩，細潤潤。……暖融融的雨絲好像一串串珍珠，又好像春姑娘的鞭子，抽打著冬天的陰影，驅趕著料峭的寒意。你是那樣的纖細，卻又是如此不可抗拒。你粉碎了堅冰的頑抗，瓦解了積雪的防禦；你把冰冷的硬殼化作裊裊飄飛的水霧，化作潺潺的小溪，化作滔滔滾動的潮水。……柔情的春雨，你多麼像一位天使，從山那邊跑來，你托著乳白而寬大的裙子，罩著整個村莊，乾渴的大地等待著你的擁抱；你滿頭插著潔白的花，在雲霧中吻著大地。你看：所有的種子都翻個身，打著滾兒，揉揉惺忪的眼睛，伸個懶腰，打個呵欠，一切復甦了。……春雨，我希望你永駐人間。」

短評　這段文字所讚美的也是春天，以美麗的寫景來表達農民對春雨的渴望。文章句句是景語，句句是情語，既熱情奔放，又婉約雋永，感人至深，耐人尋味。

●結語

借景抒情，雖然是抒情，但不直接寫情；寫景卻不止於繪景。借景來抒發情感，能使文章含蓄不露，又能深切動人。

●寫作起步走

請體會「借景抒情法」的寫作技法，以二百字至三百字，進行片段練習。

一、淡水暮色

二、聽海
三、夏夜
四、秋月的呢喃
五、站在七星山頂上
六、冬天一角
七、阿里山雲海
八、西北雨
九、颱風來了
十、啊！土石流

●參考習作

一——聽海

天空好藍，萬里無雲，像我們年輕的心，那樣澄明乾淨。我們騎著單車，來到利澤簡海邊。拎著鞋，捲起褲管，任細沙淹沒我們的雙腳，任海風灌滿我們的胸口，任浪聲拍打我們的心。

一波波、一聲聲，好似在鼓動著我們：「出航吧！去冒險吧！去盡情揮灑青春的畫布吧！」十二隻腳印在我們身後，寬廣無際的大海在我們眼前。青春那樣無憂也無畏，像那滔滔白浪，勇敢的衝向礁石，激起美麗的浪花，發出鏗鏘清脆的聲響。

高中畢業的我們，蓄勢待發，勇敢出航。我們怎麼也沒有想到，生命無常，多年後舊地重遊，已少了一雙腳印，滔滔海聲，聽起來不再是青春無畏。彷彿提醒著我們：「珍惜當下！」

（吳佳穎）

二——西北雨

這一場西北雨來得且急且劇，讓你措手不及。原本，那片烏黑還在遠方，料想還有一點時間可以曬稻、收稻。沒料到這場雨是快速往前衝的列車，衝撞了你的曬穀場，從木架上、從屋頂上，火爆的炸射各處，天際是一片雨幕，連影子都退無可退。

你是從頭到腳被潑了一身的老婦，連呼吸都來不及，不及細想，一骨碌的，忙掀著防雨布蓋上，心頭只祈禱農害能傷到最少，而你的心情且溼且冷，眼睜睜瞧著西北雨肆虐你的曬穀場。這場雨去得也急，你掀起防雨布，祈求快速風乾稻穀，此時太陽如火。

（李智揮）

抒情技巧（三）

觸景生情法

● 學習主題

觸景生情法是指寫作中，由於外在的客觀景物，觸動了作者的情思，引起聯想，繼而抒發感懷的手法。觸景生情，它的特點是情隨景生，以達到詩情畫意的境界。這一章要介紹的是抒情文中「觸景生情法」的寫作技巧。

● 寫作要訣

一篇優秀的散文，既要有景，又要有情，而且只有將「景」和「情」如水乳一般交融在一起，才能算是好作品。在一般散文寫作中，「情」是指揮官，是文章的靈魂，沒有情感的散文，只能算是一堆雜亂無章的文字而已。因此「抒情」是寫作中必須充分掌握的表達方式。

「觸景生情法」，是指寫作者受到外界客觀景物的觸發而引起感情上的波動，再把這種感情用文字生動的表達出來，就叫做觸景生情法。

這種寫作手法，可以先寫景，然後再抒情；也可以先抒發對景物的感懷，然後描寫景物；甚至也可以把「景」、「情」兩者結合起來，一方面寫景，一方面抒情。

●重點提示

運用「觸景生情法」，要把握以下兩項原則：

(一) 由景生情

由「景」生「情」，然後才能有感而發，達到景中有情，情中有景的境地。

(二) 情景兼顧

必須情景兼顧，而且要有輕重、主從之分。清代文學家李漁說：「情景二字，亦有主從。情為主，景為客。」意思是說，寫景的目的是為了抒情，要做到字字寫景，卻句句是情；能處處寫景，又處處關情。這樣子文章的情思，才能感人肺腑，發揮最大的吸引力與感染力。

●表現技法

一——先寫景再進行抒情

範例1 以〈落葉〉為例——「一片心形的葉兒，在秋風與夕陽譜成的旋律中輕輕飛舞，飄進車窗，落在我的身旁。我把它捧在手心，這片泛黃的可憐的葉兒，輕輕顫動著，在夕陽的餘暈中閃著金色的光……端詳著這片落葉，我彷彿看到了自己。不用照鏡子，都會很清楚的知道自己的表情與神色。是的，僅從路人的目光就可略知一二。多像啊！葉兒和我，同樣的孤獨，同樣的無助。我踉踉蹌蹌的下車，撲進路邊的樹林中，又到這裡來了！清幽依舊，但心情還能依舊嗎？風起了，吹著葉子漫天遍地飛。忽然有一行淚流了下來！『我想繼續上學，我不想打工！』我歇斯底里的喊。……遠處傳來一陣陣回音。我無力的靠在樹下，悄悄的坐著，手中還捧著那片葉兒，像捧著我自己的心，我自己的命運。可是，我知道，葉兒之所以飛舞盤旋久久不願落下，是因為捨不得離開大樹。只是，只是無力可回天啊！而我，真的能把握住自己的命運，真的能回到學校嗎？我想念學校的老師、同學們，我想念學校的一草一木。可是，我怎麼忍心看著爸爸皺緊眉頭，忍心看他們傷心呢？爸，為什麼每次想到您，我都會難過的止不住眼淚呢？您會說我沒出息吧！看到只有四十三歲的您，卻老得像個五、六十歲的老頭，我就禁不住鼻子發酸。您為了我和兩個妹妹，為了這個家，付出太多太多了……」

短評 作者因看到一片心形的葉兒在秋風中旋落，於是觸景生情：「我把它捧在手心」；「端詳著這片落葉，我彷彿看到了自己」；「手中還捧著那片葉兒，像捧著我自己的心，我自己的命運」；儘管葉兒不願離開大樹，但「無力可回天」……「看到只有四十三歲的您，卻老得像個五、六十歲的老頭，我就禁不住鼻子發酸」……以秋風飄落的葉兒為觸發物，抒發自己失學的無限感傷與不得不休學的無奈。

範例2 以〈悲傷的雨〉為例——「細雨綿綿，如同扯不斷的絲，剪不斷的縷。我的煩惱就像這綿長的雨絲，沒有盡頭。想著剛才那一幕，心中又湧起一陣委屈與酸楚：『為什麼爸爸媽媽為了一件小事，也要和我吵呢？為什麼？或許他們根本不愛我，不理解我！』想著想著，淚水又和著雨水流下。雨，仍下著，雨絲牽著我的煩惱在風中飄揚……」

短評 從「細雨綿綿」到「淚水又和著雨水流下」，就是典型「由景生情」的表現手法。

二——先抒情再描寫景物

範例 以林希〈石縫間的生命〉為例——「石縫間倔強的生命，常使我感動得潸然淚下。……儘管它們也能從陽光中分享到溫暖，從雨水裡得到溼潤，而唯有那一切生命賴以生存的土壤，卻要自己去尋找，它們面對的現實是多麼嚴峻。小草……。花朵……。樹木……。」

短評 這種寫法就是先抒發對景物的感受，然後有層次的描寫石縫間的小草、花朵、樹木等堅韌生長的景象。

結語

文學作品當以「情」來感動人，運用觸景生情法，不僅能夠真實而且具體的表現客觀的事物，還可以委婉、含蓄、自然的呈現作品的主題，適宜於記人、敘事、寫景、狀物等等這一類文章的寫法。寫作的途徑，必須以「寫景」為基準點，情由景生，然後才能情動於衷。如此，作品才能情景交融，緊緊扣住讀者的心弦。

寫作起步走

請體會「觸景生情法」的寫作技法，進行片段練習，字數在二百字至三百字之間。

一、遙望星空
二、一場及時雨
三、急流
四、聽海（看山、聽濤、觀雲、賞花……）
五、鄉間小道
六、足登赤崁樓

七、紅毛城的黃昏

八、夏日一角

九、稻浪人生

十、鹽山

●參考習作

一——遙望星空（先寫景再抒情）

微光閃閃，點亮滿天的漆黑。我抬頭仰望，忽明忽暗的螢光，閃爍在遙遠的蒼穹，成為照亮暗路的一盞盞希望，成為迷航時的指引，成為孤寂時的安慰。

我昂首諦視，璀璨的花火閃耀在難以丈量的遠方，成為牛郎織女的傳說，成為阿姆斯壯的動章，成為平淡生活的綴飾，成為天上人間的浪漫。我引頸遙望，晶瑩耀眼的亮麗遍灑在不可企及的天際，成為生命裡永不失落的珍珠，成為永恆的存在。

那些曾經在生活低潮時迷茫的，在生活荒蕪中黯淡的，在生命必然裡遺憾的，都在燦爛的星空中找到永恆的陪伴。（柯方渝）

二——夏日一角（先寫景再抒情）

又是一個炙熱的夏日午後，沉悶的空氣彷彿停滯無法流動。兒子拿著外婆的扇子揮動著，時光彷彿回到三十年前，我也是在那悶熱的夏日午後，在我姥姥的床上，揮動著她的蒲扇。

兒時的我，最歡喜的事，莫過於放暑假回姥姥家，姥姥總是怕我們餓著似的，買了一堆零嘴。我們總期待她拎著菜籃的身影，出現在綠色的木門前。

姥姥總是坐在藤椅上，穿著白色背心，揮動她那把扇子，時而與我們說幾句話，時而被我們幼稚的舉動逗得發出豪爽的笑聲。扇子搖啊搖，搖出滿室溫馨，搖出我無憂無慮的童年時光。

如今我是無法再見到她了，但卻在我兒子身上，看見童年時的我。童年時的姥姥，您是否也看見了呢？（吳佳穎）

三——聽海（先寫景再抒情）

鹹鹹的空氣，傳來了陣陣海潮聲；呼嘯的強風，吹來了澎湃的潮起潮落。我站在金黃的沙灘上聆聽大海為我歌唱，時而吟詠輕快小調，時而高歌磅礴搖滾。彷彿生命忽快忽慢，輕重錯落的節奏，有潛藏深處的湧動，有浮泛表層的柔波，有和沙石共進退的嬉笑，也有與礁石擊掌的雀躍，甚至也有捲起千堆雪的歡騰。

在大海傳唱的千曲百樂中，我聽見生命的低吟，也聽見了生命的錚錚叩響；我聽出了生活的跫音，也聽出了生活的智慧；我聽懂了人生的起伏，也聽懂了人生的破碎與圓滿。

鹹鹹的空氣，帶走了陣陣海潮聲；狂嘯的強風，吹回了大海的歸家。我滿載大海的療癒與鼓舞，滿懷心海裡翻湧的力量與收穫，擎起雙槳，朝未來勇敢前行。（柯方渝）

四——鹽山（先抒情再寫景）

行經七股，行經你兒時的故鄉，行經你生命裡的鹽山。鹽養大了全家，當阿爸說這句話時，你那時六歲，你只覺得鹽是飯菜的調味料罷了。年幼的你無法體會阿爸，鹽山不只是阿爸的汗和淚，不只是阿爸每日必走的路，不只是阿爸所要面對的風和雨。

「回家了嗎？」阿母打手機問著你的行程。

你和阿母說，再一會兒就回到家了。是的，行經七股，經過那一座座鹽山，在下一個人生路口轉彎處，你就回到家了。

從鹽山出走，再度回家，現在的你預備接下阿爸肩頭的扁擔，走著阿爸曾經走過的路。面對未知的風和雨，才能體會鹽山的鹹，那就是阿爸的汗水和淚水。（李智揮）

抒情技巧（四）

借事抒情法

●學習主題

借事抒情，是指感情順著事件的開展而表達出來；也就是在敘事過程中，對於所敘述的事件或對象，引發強烈的感情。把這種感情訴諸於筆端，融合在敘事之中，使得所敘述的事件，帶著鮮明的感情色彩，這就是借事抒情法。這一章要介紹的是抒情文中「借事抒情法」的寫作技巧。

●寫作要訣

感情除了可以從景物中興起之外，也不斷在現實人生中產生，現實生活中所發生的種種事件，都會影響我們的思想、情緒和主觀的感情。有些作文題目，乍看之下，不知道要抒發什麼情感，但只要結合現實生活的點點滴滴，真實的情感就自然而然產生了。

在借事抒情中，感情的表達可以含蓄，也可以熱烈，完全要看感情的性質和寫作者的個性來決定。同時，進行事件敘述時，對於詳寫與略寫的取捨，也要妥當安排，與主題有關的宜大量鋪敘，無關或關聯不大的要省略或刪除。

●常見類型

在進行抒情文寫作時，憑藉著跟自己有關，並且印象深刻的事件，表達出自己的情感，這就是借事抒情法。一般人寫抒情文，可以歸納出三種類型。

(一) **情溢乎辭**

是指情感濃烈超過了文辭的表現，心裡頭明明百感交集，有很多話要說，可是寫成文章又往往乏善可陳，這就是失敗的抒情文。

(二) **辭溢乎情**

是指文辭堆砌造作，超過了內在的情感，心裡只有三、五分，卻要說得轟轟烈烈，把喜怒哀樂渲染過當。這種文章，誇飾過度，感情既不真摯，文章也失去了感人的魅力。

(三) **情盡乎辭**

這是最理想的抒情方法，心裡有多少感情，文字就能恰到好處的表達多少的程度，既不太過也不會不及。讓內心世界的情感，在穠纖合度的文句中盡「情」表現，自然貼切，真實感人。

範例　以朱自清〈背影〉為例——「我與父親不相見已二年餘了，我最不能忘記的是他的背影。那年冬天，祖母死了，父親的差使也交卸了，正是禍不單行的日子。……喪事完畢，父親要到南京謀事，我也要回北京念書，我們便同行了。……他望車外看了看，說：『我買幾個橘子去，你就在此地不要走動。』我看那邊月台的柵欄外有幾個賣東西的等著顧客。走到那邊月台，須穿過鐵道，須跳下又爬上去。父親是一個胖子，走過去自然要費事些。我本來要去的，他不肯，只好讓他去。我看見他戴著黑布小帽，穿著黑布大馬褂，深青布棉袍，蹣跚的走到鐵道邊，慢慢探身下去，尚不大難。可是他穿過鐵道，要爬上那邊月台，就不容易了。他用兩手攀著上面，兩腳再向上縮；他肥胖的身子向左微傾，顯出努力的樣子。這時我看見他的背影，我的淚很快的流下來了。我趕緊拭乾了淚，怕他看見，也怕別人看見。我再向外看時，他已抱了朱紅的橘子往回走了。過鐵道時，他先將橘子散放在地上，自己慢慢爬下，再抱起橘子走。到這邊時，我趕緊去攙他。他和我走到車上，將橘子一古腦兒放在我的皮大衣上。於是撲撲衣上的泥土，心裡很輕鬆似的，過一會說：『我走了；到那邊來信！』我望著他走出去。他走了幾步，回過頭看見我，說：『進去吧！裡邊沒人。』等他的背影混入來來往往的人裡，再找不著了，我便進來坐下，我的眼淚又來了。……我北來後，他寫了一信給我：……我讀到此處，在晶瑩的淚光中，又看見那肥胖的青布棉袍、黑布馬褂的背影。唉！我不知何時再能與他相見！」

短評　朱自清這篇〈背影〉之所以膾炙人口，正是透過對往事的追憶，寫出父親對子女的關懷，描寫父親的背影，以及自己如何被這背影所感動而難忘的情形。對於父親的服裝、動作、表情，都用極精細的寫法描繪，勾勒起非常鮮明而生動的形象。全篇的焦點集中在「背影」的描繪上，把對父親的繫念和感激之情，毫無保留的宣洩出來。這是典型「情盡乎辭」的文章，在真摯的敘事中，自有連綿不盡的情思，一股深沉的感傷自然流露，值得初學者細細品味。

●結語

看了前文的介紹，你一定能深入體會：「借事抒情法」就是寫作者在敘事的過程中，對於所敘述的對象帶著強烈的感情色彩。這種抒情雖然也涉及到人，但是感情是透過與人相關的事開展，不是因人而發的。借事抒情，要抓住最能觸動人心的事，運用這種筆法，先決條件就是作者對所敘述的事要有真實的情感；一邊敘事，一邊抒情，做到事事傳情，文章自然能夠吸引人。

●寫作起步走

請體會「借事抒情法」的寫作技法，採片段練習，以二百字至三百字，完成下列各題。

一、一件怪事

二、爸爸下班後
三、阿公的拐杖
四、坐在輪椅上的○○
五、我沒見過媽媽（爸爸、爺爺、奶奶、外公、外婆……）
六、○○（寵物）之死
七、厚繭
八、外祖父的禿頭
九、我再也看不到他（她）了
十、媽！再打我一次

●參考習作

一——爸爸下班後

爸爸的摩托車聲進家門，電視機立刻關掉、笑聲也立刻關掉，我們正襟危坐的看書或寫功課，不敢發出任何聲響。我偷看爸爸的神色，他黝黑的臉是堅毅的輪廓，不輕易妥協的是銳利的目光。爸爸總是不笑的……

媽媽把剛煮好的飯菜端上桌。我們趕緊坐好，小小的餐桌上擠著一家五口，卻沒有一點聲響，像怕踩著地雷般。晚上七點一到，院子裡聲響愈來愈多，村子裡好學的伯伯叔叔們，一個個魚貫而入。爸爸這時才露出嚴肅的笑容，上樓講四書課了。有一天媽媽說：他每週二晚上是免費教書，你們要學習爸爸的精神。

從那時候起，爸爸下班後，我們開始懂得遞拖鞋、端茶水，希望一向嚴謹的爸爸，能放鬆他心裡的橡皮筋。我們乖一點，也許，他臉上的笑容就會多一些了。（吳佳穎）

二──我沒見過媽媽

一走進嬰兒室，最鮮明的感覺是：布置得很溫馨。從四位護士的穿著，到嬰兒車的顏色，到包裹娃娃的小被褥，清一色都是粉紅色調。老師輕聲細語為我們講解生命伊始的奇蹟，先一一介紹嬰兒室的基本設備後，然後要我們觀察母親授乳的畫面。

透過透明的大玻璃，紅嬰仔們的媽媽，一個個擁著她們的小寶貝。有的媽媽仔仔細細端詳她的小孩，有的嬰兒貼著媽媽的胸膛，有的娃娃吸吮不順不斷換姿勢，有的由護士阿姨托著奶瓶餵奶、也有等不到媽媽來的小娃哇哇大哭……

同學們掩嘴絮絮叨叨，有的輕聲耳語，有的窸窸窣窣，充分感受眼前新生兒的可愛與母愛的溫暖。老師叫大家外面集合，阿貴還緊緊依在窗邊，直到窗帷降下，他才抬起呆滯的眼神，對老師說：「老師，我沒見過媽媽……」善體人意的老師，瞬即蹲下身，伸出雙手把他抱在懷裡。

三——仔仔之死

有一天仔仔跟往常一樣，從一樓慢慢爬向四樓，爬一層就休息一層，牠總是耍賴，慢吞吞的，我們也不以為意。最後一個轉角，牠會加速直奔到門口，等我開門。這時，仔仔忽然大叫一聲，然後倒地，一家老小都衝過來，玄關四周十分緊急。

仔仔呼吸急促，阿弟邊撫摸邊呼喚牠，牠眼睛又微微張開了起來。爸爸開車到中和的狗醫院，這家動物醫院設備一流，給仔仔診斷後，確診仔仔癌症末期，惡瘤長在心臟附近的大動脈，不建議做大型手術。但心臟心包膜積水，必須立即處理，安排三天後開刀。媽媽聽了十分沮喪。

術後仔仔恢復得很好，牠似乎善解人意，更愛依偎在媽媽身邊，我們照樣遛狗，牠照樣吃飯、玩球球。有一天晚上仔仔特別焦躁，纏著媽媽不放，也不睡覺，也不吃零嘴。媽媽哄牠睡：「要乖……要乖……」仔仔安定了下來。

第二天一早，仔仔躺在媽媽的床角邊，走了……

抒情技巧（五）

詠物寓情法

●學習主題

詠物寓情，是透過描寫客觀的「物」來寄託自己情感的一種抒情手法。這種寫作手法，關鍵在於「寓」，它的特性是只描寫「物」的形象，不把自己的思想感情寄託在對「物」的具體描寫之中。這一章要介紹的是抒情文中「詠物寓情法」的寫作技巧。

●寫作要訣

「萬物靜觀皆自得」。大自然之中，無論是動物、植物、靜物……都有它極為細膩的地方，值得我們仔細去品味。詠物的文章，除了描寫物的外形特徵與功能效用之外，在具體形象的背後，往往有寶貴的精神價值。透過詠物來寄託個人的情感，自然而然就成為一種文章作法了。詠物寓情法，是指直接摹寫事物的形象，不直接抒情，也沒有任何議論、說明的觀點。文章的中心思想和作者的感情就隱含在所摹寫的事物之中。

範例1 以〈雨中的紅傘〉為例——「夏雨鋪天蓋地，一切盡在迷濛的雨霧之中，黯淡得令人窒息。忽然，眼前一亮，是一頂圓圓的紅色小傘，在雨中頑強的前行，一陣風夾雜著雨滴毫不留情的猛衝過來，她毫不畏懼，挺起圓圓的、火紅的身軀迎上去……風太猛了，那個柔弱的圓被風吹得變了形，雨狠勁的抽打著她，她毫不在乎，盡自己的最大力量去對抗。突然『呼』的一下，小傘被翻轉過來，扭曲著，變了形。『不能屈服！』她猛低下頭，向那狂風衝過去，『呼——』又恢復了那個完美的圓，紅紅的，在灰濛濛的、空蕩蕩的大街上，像一位紅色勇士，頑強的前進，保存著那可愛的、堅強的圓。」

短評 這一篇作文原本的主題是「圓」，要求考生根據「圓」進行聯想。本文想像新奇，把圓想像成「雨中的紅傘」，在雨中頑強的前行，全文在精采的詠物之中，表達了對「傘」深情的禮讚。這是一篇詠物寓情的佳作，也是一篇極富哲理的好文章。

範例2 以〈小草讚〉為例——「景象萬千的大自然，有蔚為奇觀的高山峻嶺，江河湖海；有爭奇鬥豔的松菊梅竹、奇花異卉。唯獨小草最為平凡，小草開不出花朵，更沒有醉人的芬芳。它那低低的草莖配上瘦伶伶的葉子，真有點像離鄉漂泊的遊子一般。……無論在高山上、平原上，在森林中或江湖畔，你隨處可以見到那些不惹人眼目的小草，它們到處流浪尋覓著生存的土地，貪婪的向大自然尋取陽光、水分和空氣。小草雖然瘦弱，但在大自然的搏鬥中，卻絲毫不遜色於其他高等植物，它那奇蹟般的生存本能，比任何植物的生命力都強。它不像許多美麗的花，要借助於溫室和花匠精心的照顧才能綻放，它不像藤蔓要攀緣著大樹才能生長，它更不像苔蘚和蕨類只能生長在陰暗和低溼的角落裡。小草它只要有一寸土地，哪怕是一條極細極窄的岩縫也能紮根生長。它不怕寒冬，不畏酷暑，靜靜的伏在大自然巨人般的胸脯上。以它特有的綠色皮膚來妝點這個世界。……一株小草是微不足道的，然而草的宏觀世界，造福人類的本領卻是無窮無盡的。莽莽草原，風吹草低見牛羊；一塘碧水，浮萍水草飼魚蝦；山崗雜草，覆蓋大地保水土；公園草皮，綠絲如茵，令人心曠神怡。……小草雖小，卻擁有無邊的土地，它那野性和不屈的形象就是一首生命的讚歌，難怪唐代詩人白居易的詩作『離離原上草，一歲一枯榮；野火燒不盡，春風吹又生……』千百年來一直流傳至今。……」

短評　本文成功運用了詠物寓情的手法，小草可以寄寓平凡百姓的形象。卑微、眾多、生命力強、貢獻大，是小草的特性。小草不屈不撓的形象，寓意深刻，耐人尋味。

● 結語

運用這種詠物寓情法進行寫作，文章的最大特色是含蘊深刻，耐人尋味。初學者未必能馬上抓住文章的主旨，等到熟能生巧，自然就得心應手。所以透過「詠物」來「寓情」，關鍵在詠物一定要成功，描摹一定要逼真，同時詠物要處處為寓情打算。寄託情感於物之中，雖然要寫得不動聲色，又要含藏不露痕跡，最重要的是，一定要讓讀者能領悟得到。文章固然可以寫得含蓄，但寄託的情不能過於深奧、晦澀，如果讀者揣摩不到你的感情世界，就不知道你所歌詠的「物」目的在哪裡了。

●寫作起步走

請體會「詠物寓情法」的寫作技法，進行片段練習，以二百字至三百字，完成下列各題。

一、野薔薇
二、石之頌
三、仙人掌
四、竹子
五、電線桿上的痲雀
六、行道樹
七、燭火

八、孤雁
九、落花生
十、貓頭鷹

●參考習作

一——仙人掌

豔陽猖狂橫行，看不見姹紫嫣紅，看不見蔥籠蒼林，聽不見嗚嗚鳥囀，聽不見淙淙溪水，只有仙人掌，毅然堅定的昂首挺立。當別人用嬌柔嫵媚的花瓣妝點自己，她選了渾身的刺來與嚴峻的環境對峙；當別人以婀娜曼妙的姿態吸引目光，她選了臃腫的身軀來儲備自己的能量。嬌柔美麗離她那麼遙遠，受人矚目、得到讚美並未伴隨她成長，仙人掌靜默的，以她自己的姿態，憑她自己的力量，走她自己的路。

四季遞嬗，無論是陽光肆虐的酷暑、還是白雪紛飛的寒冬，當其他花兒承受不住炎熱、抵擋不了寒冷而紛紛凋謝，仙人掌卻挺過了嚴峻的考驗，突破重重困難，勇敢的活下來。不用再歆羨美麗的外表，不用再追求纖細的身材，要充實自己的內涵，做一個不被困難擊倒的仙人掌。

（吳佳穎）

二——電線桿上的麻雀

一群麻雀輕輕跳走，帶來了春的腳步：嘰嘰喳喳的呼喚，古老的香樟樹發芽了，池塘裡新荷的第一片綠冒出池面。近處的樹、遠處的山都穿上了新衣，鵝青的鵝青，嫩綠的嫩綠。最勤樸的麻雀們，早就一字排開高踞電線桿上，替大地看好春天的行程了。

褐褐黃黃的膚羽，是牠最真的本色；粗粗野野的不起眼，是牠最淡定的行色。永遠的低調，像一群群韜光養晦的處士，在最底層吹著原野的風，趕著牠最原始的返璞歸真。沒有鴻鵠的大翅，卻有互久的能耐，在乾谷中尋覓，在驟雨中等待，在烈日下幹活；沒有鳳鳥的于飛，卻有簡單的妙舞，在草叢彈飛，在電線桿翻身，在樹林間扭臀。一生只憑一條無垠的本分，一隻捱一隻，敬畏天敬畏地，以最甜美的啁啾聲，為生命的傳承，羞答答的含情脈脈。

三——落花生

一代又一代的祖先，總是棲居在最荒涼的僻境，不爭輝煌，不爭富貴，不爭名聲。落花生，生長在一片廣袤的沙地，是植物界的窮人家族。

花生可以榨油，花生味美，花生價廉，它是人們嘴饞的點心，更是三五好友必備的下酒菜，但是很少人知道它的出身。亮燦燦的黃花完成美麗的愛情，花生授粉幾天之後，帶著它的期待，鑽進土裡，孕育美麗的果實。別看它低低矮矮的長在地上，花生族群一直有偉大的謙德，甘心居住最黑暗的地底下，忍受寂寞與孤獨，以自己的犧牲而使自己有用，韜光養晦，收斂自己。

很多老人家，總是抓著一把花生米，邊啜飲，邊品茗；很多底層的勞動者，坐在路邊攤喝起酒來，一杯黃湯，一碗老酒，也總是少不了一盤花生。茶餘飯後，出身平凡的落花生，總是默默陪著勤奮的人們，安心而低調的過日子。

抒情技巧（六）

詠物言志法

●學習主題

「詠物言志」與「詠物寓情」，兩者最大的區別是後者只詠物，不直接抒情，在詠物中隱含情感；詠物言志則一方面要詠物，一方面又要抒懷；詠物是為了抒情，抒情是詠物的必然結果。

這一章要介紹的是抒情文中「詠物言志法」的寫作技巧。

●寫作要訣

「詠物言志法」，是指透過外界客觀事物具體的描寫，來述說作者的心志，抒發作者的感情。詠物，指以動物、植物或器物等為主要題材，以物為喻，具有暗示或象徵的效果。這裡的「志」，就是寫作者的思想感情和文章的主旨。這種寫作的特點是，詠物必須與言志（抒情）充分結合，兩者相得益彰，不可分離。

運用「詠物言志」的抒情寫法，不但可使詩歌文章具有鮮明的形象，充滿詩情畫意的效果，同時蘊含著人生的哲理，引人深思。

範例 以明代詩人于謙〈石灰吟〉為例——「千錘萬鑿出深山，烈火焚身若等閒。粉身碎骨渾不怕，要留清白在人間。」

短評 色澤潔白是石灰的特質，詩句當中「千錘萬鑿」、「烈火焚身」、「粉身碎骨」、「要留清白在人間」等等帶有濃厚情感色彩的文字，都是詩人刻意賦予的。當年在明英宗的時代，于謙曾經全力抵禦外侮，保衛北京城，讓朝廷逃過一劫，可是後來有人誣陷他，並且害死他。這首絕句就是運用石灰來表白心中志向的詩，「粉身碎骨渾不怕，要留清白在人間」，意思是說，寧願死也不讓自己的人格受到汙衊。這首詩透過「石灰」從挖掘礦石到煉成石灰過程的描寫和吟詠，讚美了不屈服於任何外力，始終保持高尚節操的精神，就是典型「詠物言志」的技巧。

● 重點提示

就進行詠物言志的步驟而言，下列幾點是值得參考的：

（一）**緊扣聯繫點** 就是要抓住外在事物和作者心志的相似點，使兩者能緊密相互契合。

（二）**刻劃特徵** 詠物必須先要尋物，一旦找到能夠寄寓哲理的事物，做為述說心志、抒發感情的對象時，就要準確把握它的特徵，刻劃出它的具體形象。

(三) **寄寓情感**

在吟詠事物的外在特徵時，接著要把事物所代表的品格或哲理敘寫出來。

範例1 以許地山〈落花生〉為例——「爹爹說：『花生的用處固然很多，但有一樣是很可貴的。這小小的豆不像那好看的蘋果、桃子、石榴，把它們的果實懸在枝上，鮮紅嫩綠的顏色，令人一望而發生羨慕的心。它只把果子埋在地底，等到成熟，才容人把它挖出來，你們偶然看見一棵花生瑟縮的長在地上，不能立刻辨出它有沒有果實，非得等到你接觸它才能知道。』我們都說：『是的。』母親也點點頭。爹爹接下去說：『所以你們要像花生，因為它是有用的，不是偉大、好看的東西。』我說：『那麼，人要做有用的人，不要做偉大、體面的人了。』爹爹說：『這是我對於你們的希望。』我們談到夜闌才散，所有花生食品雖然沒有了，然而父親的話現在還印在我心版上。」

短評 文章先歌詠花生的高貴品質：「它只把果子埋在地底，等到成熟，才容人把它挖出來。」然後「言志」，說明做人的道理：「人要做有用的人，不要做偉大、體面的人了。」很能感動讀者的心。

範例2 以邢源〈石賦〉為例——「我愛石。石，寬廣的胸懷裡，孕育著無盡的寶藏。有了它可疊為高樓，可以架成橋梁，可以築成道路。當它歷盡艱辛，粉身碎骨，化作微塵細末時，又成為沃土，滋養五穀新苗。石，它真正做到了鞠躬盡瘁，死而後已。……石，大至高山峻嶺，氣勢磅礴；石，小至於方硯細珠，瑩然可玩。它在崑崙山巔，在迷霧杳靄和風雲變幻之中，是天賴以立的柱石；它在園林之內，與水榭亭閣、茂林修竹相伴，陶冶我們的美感，美化我們的生活。石的風姿與操守又有多美。……石，一經琢製，能奪造化之功。舉世無匹的雲岡和敦煌石窟，是藝術天才精雕細刻的稀世珍寶，黃花岡烈士碑，永遠紀念著不朽的忠烈英雄。它的情感是多麼的沉鬱、厚實、豐富，跟人們心心相印啊！我愛石。」

短評 詠物是手段，寄寓的道理才是文章的主題。上文中所吟詠的「石」，在外形與特性上的「可以堅硬，可以粉碎，印證了鞠躬盡瘁，死而後已。」與所寄託的感情和道理——作者有不朽的志向，有相似之處；這就是「詠物言志」。

● 結語

一般而言，抒情文章除了直接抒情之外，多多少少都會運用到其他的不同文體或表現手法，讓抒情文字有更多元多樣的表達方式，婉約有婉約的效果，憤慨有憤慨的情緒。詠物言志，這種一邊歌詠物，一邊抒發心志的抒情手法，在含蓄與真率之間，有很微妙的作用。這種方法和「詠物寓情」的區別，就在於「寓情」和「言志」。

●寫作起步走

請體會「詠物言志法」的寫作技法，進行片段練習，以二百字至三百字，完成下列各題。

一、燕子吟

二、寒梅頌

三、古松讚

四、牽牛花的啟示

五、根的聯想

六、水牛禮讚

七、我最喜歡的○○（物）

八、狗賦

九、楊柳

十、破棉襖

●參考習作

一——寒梅頌

皚雪遍野，歲寒不凋，在蒼茫中挺一身能伸能屈的傲骨，斜倚成最美的曲折；不與萬物爭輝，不和百花爭妍，在風霜雨雪中凌寒自開，成為四季之末最後的堅守。伴柳宗元於萬徑人蹤滅中，獨釣一生純淨的江雪；伴翁森在地爐茶鼎中，品味數點天地馨香；與陸游一同零落成泥碾作塵，仍保有如故芬芳。

在紛紛白雪中，在寂寞嚴寒裡，我願成為茫茫大地中一枝最美的存在，活成一瓣最動人的清香；於霜雪中昂然，於孤寂中盛綻，在無聲無息中，開出天地間最鏗鏘的聲響。在蒼蒼茫茫裡，站成天地間最耀眼的精采；在無色無味中，散發天地間最撲鼻的芬芳。然後，自在的落盡繁華——見真淳。（柯方渝）

二——根的聯想

陽光在綠葉間穿梭，替他們戴上金黃的冠冕；雲朵在枝葉上遊移，替他們披上各式的衣袍；鳥兒在樹梢跳躍，歌頌著綠葉的美好；人們在樹下乘涼，仰望著大樹的巨偉高躰。大家簇擁著綠意盎然，讚美著蔥籠朝氣。但沒有人看見那地面上、地底下，盤根錯節的樹根，延展曲伸的樹根。他們努力開疆闢土，他們默默積聚能量，在不見光亮的岩層夾縫中奉獻，在聽不見掌聲的土壤沙礫中付出。

若沒有在陰暗沉悶的土壤中鑽研的樹根，又怎麼能有那在明亮寬闊的藍天中歡舞的枝葉？我願自己在聽不見掌聲時，也如樹根奮勉不懈；我願自己在鎂光燈聚焦的舞台上時，也要能感謝樹根的奉獻與成就。

無論能否被看見、被肯定，做那不畏崎嶇艱難，不畏冷清淡漠，而一直努力付出的樹根。

（吳佳穎）

三——狗賦

忠誠是狗的中心思想，家犬會的就是這兩字。打不還手，罵不還口，是狗的血液普遍流動的骨氣。狗兒痴痴的眼神，是人們要特別著力思索的大方向。狗兒友善的尾巴，是狗聖人流傳的密碼，學問很深呢！狗兒聽力強，狗兒嗅覺讚，狗兒只汪汪叫，不說閒話。

狗是圓通的象徵，不是圓滑的標誌。狗走得理直氣壯，不要隨便拿狗罵人。想要出類拔萃，第一步要先粉碎「漢奸」的迷思。漢奸是漢奸，走狗是走狗，不是同一道上的。漢奸是賣國賊，走狗是忠誠一族，屬性不同。有人演忠犬小八，沒人說忠犬賣國賊。想學點忠誠，都要懂得忠犬的精神。

人與人之間愈來愈疏遠了，拿什麼來教化天下？在爾虞我詐的社會中，我願打著「不誠無物」的招牌，覺醒天下人；在愈來愈缺乏誠信的大時代，我願學習狗兒「精誠所至，金石為開」的初衷，汪汪汪，呼出人人都有的忠誠之心。

抒情技巧（七）

議論抒情法

●學習主題

議論抒情法，是指作品將抒情和議論結合，透過議論的手法來抒情，使議論染上感情的色彩。這裡的議論，並不是依賴推理、證明等邏輯手段，並不強調周密性和邏輯性，它只是表達自己生活上的見地和認知。這一章要介紹的是抒情文中「議論抒情法」的寫作技巧。

●寫作要訣

文學作品中的抒情和議論，雖然是兩種不同的表現手法，但往往會結合起來使用。抒情偏重於感性，重在表達個人主觀的情感；議論則偏重於理性，重在表達主觀的思想和觀點。「議論抒情法」，是運用抒情的文字來表達自己對生活的認識和見解的一種寫作手法。因此，這裡所謂的議論，不同於議論文中的議論，它只是把作者對於事物的感受和認識，直接訴諸於議論型的文字。因此，也可以說這種議論帶有鮮明的感情色彩，可以算是一種感情化的議論。「議論抒情法」經常是因事而抒發出來的見解，但它跟「借事抒情」並不相同。在「借事抒情法」中，作者只需要把事情說清楚，讀者就可以藉著事件的內容，領悟出作者所要抒發的情感；然而「議論抒情法」的重點卻不在敘述事件，而著重於事件的道理，當道理說清楚了，作者所有抒發的情感，也會同時表現出來。

文學創作往往運用具體的形象來表達感情，但也不排斥運用較抽象的思維來表達情感。因為人的感情多多少少總是摻雜著理性的成分，所以「感性」和「理性」在作品中可以自然結合。

●重點提示

進行議論抒情法寫作時，至少要注意兩點：

(一)感情要真摯深刻

(二)道理要講清楚，不要含糊其辭

範例1 以朱自清〈白種人——上帝的驕子〉為例——這篇文章是寫「我」有一次在電車上看到一個長得十分漂亮的西洋小孩，因為「我」向來喜歡有趣的孩子，見了總要和他親熱一番，所以這次就多看了幾眼。不料這西洋小孩臨下車時，竟「突然將臉盡力的伸過來」，張大眼睛凶惡的瞪視著。這就引起了「我」的反感，認為一個西洋小孩竟敢以踐踏的目光來襲擊中國百姓，這是炎黃子孫蒙受種族歧視的屈辱。

短評 作者從「小西洋人」的臉上和眼睛裡，看見了「一部中國的外交史」，由此思索起民族新生的覺醒：「這是襲擊，也是侮蔑！大大的侮蔑！我因了自尊，一面感著空虛，一面卻又感著憤怒；於是有了迫切的國家之念。……」這裡沒有滿紙的議論，而只是談到「空虛」、「憤怒」和「迫切的國家之念」，從感性提升到理性，把愛國情緒寄託於深刻的哲理之中。

範例2 以賈平凹〈落葉〉為例——「窗外，有棵梧桐，樣子並不大，春天的日子裡，它長滿了葉。枝根的，綠得深；枝梢的，綠得淺。雖然對列相間而生，一片和一片不相同，姿態也有別。沒風的時候，顯得很豐滿，嬌嫩而端莊的模樣。……我常常坐在窗裡看它，感到溫柔和美好。我甚至十分忌妒那位在枝間的鳥夫妻，牠們在葉下歡唱，是牠們給梧桐帶來了綠的歡樂呢？還是綠的歡樂使牠們產生了歌聲的清妙？……梧桐的歡樂，一直要延續一個夏天。我總想那鼓滿著憧憬的葉子，一定要長大如蒲扇的。但到了深秋，葉子並不再長，竟要一片一片落去，梧桐就削瘦起來，寒愴起來，變得赤裸裸的。只是有些瘦骨嶙峋，而且也都僵硬，不再柔軟婀娜，用手一折，就一節一節的斷了下來。……我覺得這很殘酷，特意要去樹下揀一片落葉，保留起來，好做為回憶。……來年的春天，梧桐又長滿了葉子，依然是淺綠的好，深綠的也好。我將歷年收留的落葉拿出來，和新葉比較，葉的輪廓是一樣的。喔！葉子，你們認識嗎？知道這一片是那一片的代替嗎？或許就從一個葉柄眼裡長上來，歡樂的也將要寂寂的凋落去。……我忽然醒悟了，覺得我往日的哀嘆大可不必，而且十分幼稚呢！原來梧桐的生長，不僅是綠的生命的運動，還是一道哲學的命題在驗證……我於是很敬仰起梧桐來，它年年凋落舊葉，而以此渴望來年的新生，它才沒有停滯，沒有老化，而目標也在天地間裡長成材了。」

短評　這篇文章賦予梧桐的情感十分深刻，先寫梧桐的綠意盎然，然後抒寫看它「感到溫柔和美好」；緊接著為梧桐葉「一片一片落去」而感慨「歡樂的也將寂寂的凋落去」；最後一段從議論出發，體會出一次生命哲學的領悟。既有作者的一片真情，也提出了精深的議論。言情說理，融合為一，加強了文章的感染力，你是不是正為這樣的表現手法而喝采呢！

●寫作起步走

請體會「議論抒情法」的寫作技法，進行片段練習，以二百字至三百字，完成下列各題。

一、名模旋風

二、鼎泰豐小吃

三、火氣大

四、阿里山神木倒了
五、獼猴
六、水族箱中的魚
七、王功採蚵
八、野薑花
九、美國牛肉
十、吃冰的季節

●參考習作

一——鼎泰豐小吃

擁擠的人潮，望眼欲穿的眼神，都快把紅咚咚的鼎泰豐招牌吞噬了。日語、韓語占領了各個樓層，十八摺的小籠包是迷戀的情懷。一團一團的日本饕客包裹著散裝的高麗人蔘客。小籠湯包、蟹黃蒸餃、蝦仁炒飯、酸辣湯、各式小菜……全吃進陌生的肚子，糾結的十八摺像翻騰的愁腸，從此將離鄉背井。中文的聲音弱了，殷勤的送客聲，全是流利的外來語……

經濟衰退，百業蕭條，台北街頭撐不起華麗的春天，在亞洲四小龍的影子漸漸模糊，找不到精準的位置。鼎泰豐是《易經》強而有力的三個卦，帶給小籠包文化強大的吸引力，這裡是永康街商圈最紅的灘頭堡，蟻族般的食客依然絡繹不絕。鼎泰豐撐起台灣小吃一枝獨秀的一片天，竟然靠八卦旗和太陽旗來爭輝！是誰洗盡了台灣錢淹腳目的烙印？

二——水族箱中的魚

泅泳在四四方方水池中，來去，前不見先輩，後不見來者，在一方稱不上天地的玻璃屋裡，獨自啜飲悲傷。望不見普照的陽光，只能任人造的日光折射我內心的悽愴；觸不到遮嬗的冷暖，只能說服自己享受人為的恆溫；無法在汪洋裡乘風破浪，也無法與夥伴們優游探險，只能在一片清淺中相濡以沫彼此沉默的呼號，只能在無聲息的造景中企圖翻出自得的新意。

然而，我在望不見的天寬地闊的悲苦中，用想像力重新丈量宇宙的邊界；在觸不到時歲更迭的綺麗中，用珍惜心感念人們對我無微不至的豢養；在失去自由的囹圄裡，我努力參悟自己的擁有，在無從選擇的命運中，吞吐生活的另一種可能。（吳佳穎）

三——野薑花

玫瑰嬌貴柔媚，在皇家的庭院裡搔首弄姿；牡丹雍容華貴，在百花的競妍中母儀天下；而你，野薑花，像是走出皇家殿堂的貴族，比玫瑰更清香，比牡丹更霸氣。因著不喜名利的爭奪，不慕權勢的追逐，放棄尊貴，奔向天寬地闊的四野，在溪澗綻放著屬於自己的清香，在山谷裡化成翩翩飛舞的蝴蝶，點綴著溪畔田野。

你若蘇東坡的化身，遠離朝堂的紛擾，人心的叵測，在民間貢獻自己的智慧，使人民也沾染文學的芳香與脫俗。你若陶淵明的化身，堅守自己的原則，遠離庸碌的廟堂，隱居深山，在山林裡修養身性，留下哲學的啟發，使後人也嚮往平凡的恬適與自在。

在野地遍開的野薑花，不卑不亢，高貴了整個山谷。（柯方渝）

說明技巧篇

論說文可以分成議論文與說明文。
說明文是解釋事物、說明意義，使人得到事理、事物等知識的文章。
在寫作精神上，說明文多為客觀說明，讓讀者明白了解某一種道理。
所以說明文只需要照實際情形陳述出來，不必刻意顛覆主題。

說明技巧（一）

特徵、舉例說明法

● 學習主題

說明文是與記敘、描寫、抒情、議論相對的一種表達方式。凡是解說事物或介紹某方面知識的說明文字，就是以說明為主要表達方式的。它的使用十分廣泛，連寫景、記敘、抒情、議論的文章中，也常常用到說明文的寫作手法，學習和掌握說明的技巧與方法，會使其他的文體寫得更好。這一章要介紹的是說明文中「特徵、舉例說明法」的寫作技巧。

● 寫作要訣

進行說明文寫作之前，首先要對欲說明的事物有充分的認識和了解，只有如此，才能把事理說得清楚明白。其次，要根據欲說明對象的具體情況來安排章法結構，設計說明的程序和條理。除此之外，我們也要了解說明文和描寫、記敘、抒情、議論是不一樣的，它的文字特色是：樸實、準確、簡潔、清晰、生動。即使有時候運用一些其他表現手法或修辭方法，也必須具體呈現這些特點，才算掌握了說明文的特性。

寫說明文要講究方法，例如解釋說明、比喻說明、比較說明、分類說明等等，初學者學會這些常用的說明手法後，就能清晰、簡明、扼要的說明事物的特徵和本質，也會使文章寫得更加生動、出色。

●表現技法

一——特徵說明法

◎說明

「特徵說明法」，就是詳細介紹和解釋事物性質、特徵的說明方法。

說明事物，往往要解釋說明事物的形狀、構造、成因、方法、效果、用途和其他事物之間的關係等等，然而側重的焦點就是對事物特徵的說明。任何事物都有它的特徵，這是用來區分一個事物和其他事物最本質、最根本的方向。因此，想要介紹清楚這一事物，必須把握住它的特徵。

◎**提示**

「特徵說明法」，是說明文中運用最多，同時也是最有效的方法。它不僅是說明文寫作的基本要求，更為讀者提供了認識事物的絕佳角度。因為事物的特徵，往往具有多樣性。如果從不同的角度來考察同一個事物，那麼它的特徵就不會只有一種。

範例1 一顆蘋果，它的顏色是青的、紅的、黃的，形狀是扁圓形的，滋味是甜香的等等。因為事物的特徵呈多樣化，所以，我們在進行說明時應選擇最佳角度、確定重點、決定詳略。

範例2 以〈兩幅漫畫〉為例——「有這樣兩幅漫畫，左邊的一幅圖畫著一隻有力的右手，與正常人不同的是它的大拇指被截了下去，而在小拇指的右側多長了一個小指。在整幅圖的右邊寫著漫畫的標題——『給六指做整形手術』。右邊的另一幅圖左側畫著一位病人躺在床上，它的右腿已被截肢，裹著紗布，而他的左手卻拿著一張『左腿截肢』的診斷書，右手指著患病的左腿哭嚷著；圖的右邊一位剛做完手術的醫生正在擦手，另一位女護士則在記錄，兩個人都吃驚的望著病人。圖的右下角寫著標題——『截錯了』。」

短評 這篇短文把握住「兩幅漫畫」的特徵，運用「特徵說明法」，對兩幅畫都做了具體、細緻、準確的介紹。介紹第一幅漫畫時，扣緊圖中「與正常右手不同」的特徵，具體說明了「拇指被截」、「小拇指右側多長了一個小指」，文字準確簡潔。第二幅漫畫分左右兩部分說明。首先針對畫面的主體，從圖左「躺在床上」的病人寫起，集中寫他「右腿被截」、「左手拿著」、「右手指著」、「哭嚷著」，用詞準確，條理清晰。最後再寫到醫生和護士的動作及神情，最後交代漫畫的標題。由於本篇妥善運用「特徵說明法」進行說明，兩幅漫畫都能凸顯重點、特徵，言簡意賅，鮮明生動。

二——舉例說明法

◎說明

「舉例說明法」，就是舉一些有代表性的典型例子，用來說明事物、事理的方法。舉例子使人容易理解，又帶給讀者具體的印象，對一些比較抽象的事物進行說明時，最適合運用這種方法。「舉例」，在議論文和說明文都經常應用得到。

◎技巧

在議論文中，例子是用來當做論據，作用在於增加文章的說服力。說明文中的例子，則是為了使抽象變為具體，深奧變為淺顯，複雜變為簡潔，使得被說明的事物容易被人理解。但是，舉例雖然具有獨立的功用，卻不能單獨運用，它往往是做為其他說明方法的一種輔助手段。

◎**提示**

（一）**真實可靠**　舉例說明法，成功的關鍵在於實例要典型，也就是說，例子要真實可靠，要有代表性，這樣才能產生令人信服的效果。

（二）**簡明扼要**　例子要簡明扼要，抓住重點，力求詳略得當，不做冗長或沒有必要的敘述。

（三）**目的鮮明**　舉例要有鮮明的目的。想要說明什麼道理就要舉相應的實例，才能收到說明準確的效果。

範例1　以〈我的嗜好〉為例——嗜好可能有很多種，喜歡打球、蒔花、畫漫畫，但比較之下，我比較喜歡畫漫畫。為了說明酷愛畫漫畫的程度，可以透過成長中日常生活的片段，說明自己喜愛畫漫畫的點點滴滴。

範例2　以〈生物的神祕力量〉為例——這個主題，我們可以舉幾個例子做為說明的基礎。「信鴿」，牠在飛行中依靠地球的磁場來定方位，所以把牠帶到很遠的地方，也能準確無誤的回牠的老巢；「蝙蝠」，體內有超音波發射器，牠的靈敏度可以超過人類目前能夠製造的同類型儀器；「蝴蝶」，牠們彼此之間透過無線電聯繫，頭部的一對觸角就是天線，放出的電磁波可以傳得很遠；「蛾」，身上裝有超音波接收器，能接收到蝙蝠發射的超音波，所以時常能逃開蝙蝠的攻擊；「響尾蛇」，能感應到紅外線的輻射……運用這些典型例子，清清楚楚的說明「生物的神祕力量」，先舉例，後歸納，就能寫出一篇成功的說明文。

短評　上列「信鴿」、「蝙蝠」、「蝴蝶」、「蛾」、「響尾蛇」等，做為例子就很成功。

●寫作起步走

請體會「特徵、舉例說明法」的表達技法，以二百字至三百字，完成下列各題。

一、學習○○的捷徑

二、好的行道樹——樟樹（茄苳樹、榕樹、白千層、台灣欒樹、木棉樹……）

三、家鄉的特產

四、○○（動物）的自我介紹

五、歹徒的畫像

六、我的社團活動

七、如何預防近視眼

八、神奇的電腦

九、電池的命運

十、我的剪貼簿

●參考習作

一——學習籃球的捷徑（特徵說明法）

一顆嶄新的籃球顆粒分明，刻痕明顯，摸起來有別於排球的滑順，與手的摩擦作用感覺可以在任何一處停擺，這正是學習籃球的捷徑。

學籃球並不在於投籃的姿勢多麼順暢，抑或是運球的技巧多麼絢麗；打籃球的重點在於你與球多契合，意即你了解它多少。一顆標準的籃球，重量約略五百克，球半徑約等於一個平底鍋的半徑，每天都感覺它，觸摸它，用手部跟身體去理解它，任由它恣意的在周圍輪轉。我們便能漸漸理解，什麼樣出力的方式，會讓球怎麼移動？多大的力氣可以令運球速度有所增減？什麼姿勢投擲籃球會依何種拋物線行進……就像我們用心去貼近舊雨也好，新知也罷，在彼此磨合的過程中，便建立了一條直達內心深處的橋梁，我們在理解籃球這個夥伴的過程中，也更能隨性的操控它，建立一條成為籃球悍將的捷徑。（蔡榮庭）

二——我的社團活動（舉例說明法）

「卡！」這一聲響最能代表我的社團活動。它可能明示我們可以稍做休息，也可能暗指我們要重新來過。

並非只有在好萊塢片場才能聽到「卡！」，我與社團朋友也正跟著劇本過生活。架設好腳架，轉動單眼相機的對焦環，特寫演員的細部動作，周遭沒有多餘干擾，調整好情緒，「Action！」響起，我們進入了不一樣的世界，一個劇本中的世界：也許我們正初嘗愛情中曖昧不明的甜蜜及苦澀；也許我們正細品生活裡微不足道的確幸與悸動；也許我們正揣測長大後糾纏不清的困厄及苦悶……「卡！」一聲我們被拉回了現實——一些學生，正在嘗試拍出媲美電影公司的影片。

我們以相機為眼，用一秒鐘幾十張相片串聯一個故事；我們以劇本為旨，用筆墨之間的闡述轉化成光影交疊的哲思，我們是真的在拍電影，而且拍電影並非普通人假想的需要多高科技的設備，或是多高明的技術。只要擁有一腔熱血、一點奮不顧身的勇氣，人人都可以拍電影，而這便是我的社團生活，我的電影生活。（蔡榮庭）

說明技巧（二）

分類、順序說明法

●學習主題

有的事物內容複雜，種類繁多，如果籠統的加以介紹，不容易說清楚。將複雜的事物，按照一定的標準，分門別類的加以說明，就是分類說明法。說明事物必須講究說明的順序和層次的安排，言之有序是說明文十分基本的結構原則。這一章要介紹的是說明文中「分類、順序說明法」的寫作技巧。

●寫作要訣

說明文的基本任務，是對事物或事理做簡明扼要的解說和闡釋。解說事物，就是把事物的形態、性質、構造、功用、關係等等情形介紹清楚；闡釋事理，就是將事理的概念、來源、種類、特徵、變化等等道理講述明白。透過事物的解說或事理的闡釋，讓讀者對事物、事理能夠有正確的了解和清楚的介紹，來擴大知識的視野。

●表現技法

一——分類說明法

◎**說明**

我們在說明頭緒複雜的事物時，為了說明清楚，就必須針對事物進行分類。一般來說，按照一定的標準把事物分成不同的類別，並且一類一類的加以說明，這就是說明文中的分類說明法。

◎**優點**

（一）**輪廓清晰**——可以顯示所說明對象的輪廓，帶給讀者概括的認識。

（二）**掌握特性**——區分出各個類別的差異，輔助讀者來掌握所說明對象的不同特性。

（三）**條理分明**——使文章條理清晰、層次分明，讓讀者容易理解。

◎**提示**

（一）**標準一致**

每次分類，只能依據一個標準，這樣不同的類別才能並列。如果標準不一致，文章就會紊亂。如果一篇文章當中，需要從好幾個角度來進行分類，寫作時要交代清楚。所以，切記要分類明確，標準統一，角度確定。

（二）**面面俱到**

對於事物的本質、特性，分類要求全面周延，如果只是介紹其中部分類別，就無法正確認識事物。所以，分類要有系統，而且要全面。

範例　以〈牛〉為例——「在印度新德里繁華的大街上，幾頭牛悠閒自得的結伴而行，以致於堵塞交通。司機們焦躁不安，卻又無可奈何。牛在印度被奉為神物，印度人對牠頂禮膜拜。……牛體格強健，力氣大，替人拉車犁田，任勞任怨，但是一旦發怒，那情景多麼驚心動魄，田野狂奔，橫衝直撞，令人望而生畏。……在我國，有北方拉車的黃牛，南方有耕田的水牛，還有素有『高原之舟』之稱的犛牛，另外，也少不了乳牛。……黃牛角短，毛有黃、黑、雜各色，以黃色為主，這種牛力氣很大，……水牛角大而彎，堅實中空，耳朵緊貼角後，軀幹呈青黑色，背部隆起，肚子溜圓。夏天常浸泡水中，是因為牠皮厚，出汗少，必須泡水以散熱。……牛的全身都是寶，牠的皮堅硬光滑，是上好的皮革；牛角可用作雕刻品，古代也常用作號角；牛肉可以滋身補血，強筋壯骨；牛乳營養豐富，老少咸宜。在北方夏季牧場的黄昏，連牛糞都有人用來當燃料呢！……農夫為牛穿鼻孔，拴繩握在手中，牠是農人的好搭檔。牛的需求不多，卻做得很多，『吃進去的是草，擠出來的是奶。』牧童騎黄牛，吹著横笛向晚霞，是最美的回憶。」

短評　本文從牛的分類說明牛的功用，運用了多次分類的手法。首先依照牛的「職責」，把牛分成黃牛、水牛、犛牛、乳牛等；接著又介紹牛身上各部位的用途。分類詳盡，呈現了分類說明的嚴密性。

二——順序說明法

◎說明

解說事物或闡釋事理的文章，一定要有條有理，如果前言不對後語，文字蕪亂冗雜，條理就不清不楚，那麼闡釋道理就不明不白了。按照所要說明對象的特徵或者發展的規律，以一定的先後順序來進行說明的手法，就是順序說明法。

◎類型

（一）結構順序　根據客觀事物本身的規律性而安排的順序，我們一般稱它為「結構順序」，例如由內而外，從整體到局部。

（二）**認知順序**　根據人們認識事物的規律性而安排的順序，大概可以分成三類：

1「時間順序」：就是指按照事物發展的時間先後進行說明的手法，例如：一年四季春夏秋冬、年月日等。

2「空間順序」：就是指由於觀察角度的變化和空間位置的轉換而形成的順序，例如：上下、左右、高低、遠近等等。

3「邏輯順序」：就是按照人們認識事物的邏輯性來進行說明的手法，例如：由主要到次要、由因到果、由淺到深等等。運用順序說明法，可以使文章脈絡清楚，井井有條，讓讀者產生清晰完整的印象。

◎**特點**

順序說明法的特點是「言之有序」，但是這並不意味著千篇一律的「順序」。大自然的事物形形色色、千變萬化，每個事物有其特徵，因此這個「順序」，往往也就因為說明對象而異，各有它的順序。所以，運用順序說明法時，要注意多種順序的綜合運用，並且適當的運用修辭手法，避免文章流於呆板、乏味。

範例　以〈圓規〉為例——「圓規是畫圓的繪圖工具。……圓規從上而下，由『頂座』、『中樞』兩支長腳組成。『頂座』旋在『中樞』上，可以取下，『中樞』把兩支長腳連接起來。其中一支腳為固定的尖錐，或插入尖頭的針；另一腳則可以裝上鉛筆，用來畫圓。……使用圓規時，用右手食指頂住『頂座』上方，拇指及中指夾住『中樞』兩側，使尖針長腳和紙面保持垂直，旋轉圓規，就可以作圖了。這兩支腳可以變化，用於繪成不同半徑的圓。」

短評　這篇文章對於圓規的功用、構造和使用方法做了詳細說明，準確又具體，也成功的運用了「順序說明法」。由全文來看：從功用↓構造↓使用方法。從局部來看，說明構造時運用了「由上而下」的空間順序法，由頂座↓中樞↓兩支長腳。可以說言之有序，條理清楚。

●寫作起步走

請體會「分類、順序說明法」的寫作技法，以二百字至三百字，完成下列各題。

一、狗——人類忠實的僕人

二、一日主廚——烤肉記

三、參觀○○量販店

四、介紹一樣手工藝品（剪紙、陶藝、藍染……）

五、寒流來了（大暴雨來了、腸病毒又來了）
六、夏天的洋傘
七、台灣的養殖漁業
八、高接梨
九、我最炫的手機
十、手提電腦

●參考習作

——參觀好市多量販店（空間順序說明法）

這是我第一次跟家人來到內湖好市多量販店。進入這個大賣場，真是大開眼界。這種源自於歐洲的量販店，改變了全世界的消費型態。它可以算是結合了超級市場與百貨公司功能的大型商店，販售大量且多樣的南北雜貨及服裝……看了令人咋舌。

第一層樓賣食品。放眼望去，到處都是吃的，蔬果、肉類、乳製品、海鮮、烘焙食物等等，中西食品應有盡有，南北百貨琳琅滿目。小朋友們大多喜歡停在這個樓層，看不盡的全球食物，千奇百怪，十分吸睛；試吃不完的熟食冷飲，我們大快朵頤，真是太痛快了！

第二層樓專賣用品、日常生活用品之外，尚有電器、3C、精品專櫃等其他分類項目，服飾、書籍、軟體、家用電器、珠寶、藝術、酒類和家具，品項多，價格又實惠。

我最愛這裡的披薩和熱狗，分量大又便宜，我是貪吃一族。

二——剪紙（邏輯順序說明法）

美勞課老師教我們剪紙，這雖然是一門小技藝，但其中學問倒還不少。

剪紙的原則是：先剪小孔，再剪大孔；先剪裡面，再剪外面；注意直角和轉角處。

將紙摺疊後產生重複的圖案，是剪紙技法中最基本的一種，也是單色剪紙採用的一種表現手法。它所產生的不同效果取決於摺疊的次數和角度。運用這種工藝剪製花卉時，可將紙摺疊兩次或三次後才開始剪，所得的花紋為四面或六面均齊的形狀。

剪製動物或人物，摺疊一次剪後的形狀為左右對稱。摺疊剪紙會產生對稱性強的紋樣，圖形更具韻律感，這種技法多用於剪製喜字花。

至於剪紙的程序：初稿→定稿→剪刻→貼裱。雖然有人反對有底稿，站在普及的立場而言，有一張簡單的初稿就更方便了。

當剪紙藝術漸漸沒落時，我們是不是應該倡議恢復這些雅致的傳統手工技藝呢？

三——颱風來了（時間順序說明法）

「颱風來了！」大家最怕聽到這個氣象報告。小記者向你報導：太平洋上的颱風全年都會生成，以七至十月次數最多。颱風分布與季節有關，在冬春兩季較為偏南，夏秋兩季較為偏北。

每年冬、春兩季十一月至五月，西進型颱風生成緯度較低，路徑也會偏南，一般在北緯十六度以南進入南中國海，最後在越南登陸。

每年盛夏七至八月間，西北颱和西進型颱風接近，但向北比例增加。這種颱風大多行經台灣或巴士海峽，然後在廣東及福建沿岸登陸。

在每年十一月至五月轉向型颱風，在菲律賓以東或關島附近形成後，先向西北西移動，然後轉向西北，最後轉向北和東北，形成一個拋物線。

至於迷走型颱風季節比較不一致，因外圍導引氣流不明，或受其他天氣影響，路徑出現打轉、停滯等。

「颱風又要來了！」你長知識了嗎？

四——高接梨（分類說明法）

三星上將梨是平地高接梨，主要梨種可分兩種：新興梨和豐水梨。我們和日本水梨做個比較：不管是新興梨或是豐水梨，這些高接梨都是從台灣原生的橫山梨嫁接日本的綠皮水梨。

形狀：三星上將梨成熟以後的果實，以橢圓為基本形狀，呈不規則的造型；日本的新世紀水梨，果實的形狀則呈渾圓型，外觀比較好看。

色澤：上將梨結的果實最初是淺綠色，一個月後變成淺褐色，成熟後變成黃褐色；日本的新世紀水梨，果實從一開始就是綠皮，始終如一，原因是台灣平地水梨，經過多重嫁接、改良。

滋味：豐水梨，果肉細緻，汁多質細，輕咬在嘴裡梨汁就輻射噴出，清甜淡香；新興梨，果肉質地厚實，甜度比較高，一口咔嚓咬下，梨汁自然順著嘴邊流下，滋味濃郁甜膩。日本水梨由於出口需要，六、七分熟就摘下，甜度較低。

梨之所以為梨，就在它的口感好，甜度高，一提到它，誰都想咬它一口。

說明技巧（三）

數字、引用說明法

● 學習主題

說明文是一種科學性很強的文體，為了準確無誤的說明事物的性質和特點，常常要詳列數字，以增強說服力。另外，說明文除了客觀的闡述事理之外，為了加強說服效果，還可引用被實驗檢驗過的名人名言、詩文佳句、俗諺格言等等。這一章要介紹的是說明文中「數字、引用說明法」的寫作技巧。

● 寫作要訣

寫一篇解釋事物或說明事理的文章，首先要提出論點，接著就是針對所提出的論點，進行解釋或闡述。在說理的過程中，具體的舉出數字做為論據與旁徵博引名人佳句、格言諺語等，以達到輔助說理的效果。在說明文當中，是不可缺少的表現手法。

●表現技法

一　數字說明法

◎**說明**

「數字說明法」，就是運用準確的數字，從數量方面來說明事物或凸顯事物特徵的方法，能夠使得說明文字簡潔而有說服力。數字說明與文字說明相配合，可以讓所說明的事物或事理，形象具體準確，也可以讓讀者透過科學的數據，對所說明的對象一目了然。特別是與事物本質有關的長度、高度、重量、速度、距離等有確切的印象。

◎**類型**

（一）**精確數字**　運用時，要求百分百準確無誤。

（二）**概括數字**　運用時，要求準確，能夠反映事物的實況。千萬不可自以為是、想當然耳而鬧出笑話。

◎**提示**

（一）**注意時效**　數字要用在需要的地方，不要刻意堆砌數據。列舉數字太多，會影響文章的可讀性。

（二）**講究準確性**　不要主觀猜測或犯了粗枝大葉的毛病。

（三）**講究規範性**　規範的要求很多，例如要用國家規定計數單位；另外，在一篇文章之中，要用國字還是阿拉伯數字，都有一定規範，不可馬虎。

範例　以林佳勳〈台北一〇一——世界第一高樓在台灣〉為例——「世界級高樓在台北誕生了！總高度五〇八公尺，地上一〇一層，地下五層的台北一〇一大樓，超越了四六二公尺的美國芝加哥希爾頓大樓與四五一公尺的馬來西亞雙子星大樓，曾經為國人贏得『世界第一高樓在台灣』的驕傲。……由國際級建築大師李祖原設計，外型呈竹節形的台北一〇一，每八層做為一個單位，取其『八』為『發』的好兆頭，傳達『成長盛開』的概念，像是向上長高的竹子或盛開的花朵，步步高升。加上二十六樓的古代銅幣，每八層樓的如意造型，讓這棟看似時髦卻又摻雜中國風的建築物，別有新意。……除了成為世界數一數二的摩天大樓之外，台北一〇一還包括其他世界第一級的紀錄，例如擁有世界最快的電梯，其中兩部電梯可以在三十九秒內將乘客載送到八十九樓的觀景台，是以每分鐘高達一千公尺的速度上升，而電梯每台造價則超過新台幣六千八百萬元……」

短評　這篇文章透過大量的數字，介紹了台北一〇一大樓的高度、外型設計，以及其他世界第一的相關數據，每八層做一單位，取「八」為「發」的諧音，加上詳細介紹其十分中國風的設計，連電梯的速度都採用精確的數字，讓人有親臨其境的感覺。

二——引用說明法

◎說明

「引用說明法」，就是指將現成的材料拿來解說事物或闡釋道理。引用的材料可以包括經典著作、歷史文獻、名言警句、民間俗諺格言等等。材料的引用，可以做為說明文的依據或補充。

◎提示

（一）真實性

引用文字必須認真核對，確實做到引用準確，出處無誤，一方面要避免以訛傳訛，另一方面也要防止斷章取義。

（二）針對性

資料要有針對性，引用之前，要先確實領會引文的涵義，衡量這個材料能不能證明自己的論點，要避免牽強附會。

（三）**適度性**

引用資料能加強文章的說服力，但是過猶不及，引用過多，甚至超過自己的敘述文字，反而有「掉書袋」的嫌疑。引用的目的，是要讓讀者更信服作者的說法，不可以本末倒置。

（四）**靈活性**

引用的方法有「直接引用」和「間接引用」。前者是直接摘錄別人的原文，要以引號標明，以表示對原文未做任何更動；後者是概述別人文章的大意，只抓住文章的要點，而不是原文照錄，因此不必用引號標示。兩種方法交錯靈活應用，文章才不會呆板。

● 結語

在進行寫作時，不管你運用哪種引用手法，都要確實做到：所引用的內容，應該跟整篇文章融合為一體。

範例　以〈外婆家的梅園〉為例——「有一個星期假日，我和爸爸媽媽到台中梨山的外婆家，順道上山賞梅。一路上，我看到路旁大部分梅樹還沒有花，但是花苞已豎立枝頭。忽然，一陣清香撲鼻而來，往前一瞧，前面就是滿山遍野的梅林。這使我想起宋朝王安石的〈梅花〉詩：

『牆角數枝梅，凌寒獨自開；遙知不是雪，為有暗香來。』梅樹道有一條長廊，長廊間的木牌上寫道：梅花是我國特有的花，它有三千多年的歷史，梅花生長在長年十五度的地區，耐得住零下十度的低溫，可以用疏鬆肥沃、帶有黏性的土栽種。它先開花後長葉，梅花的葉形有圓葉、長葉、細葉和小葉。……我們爬上了梅園高處，眺望梅園全景，遙想埋葬史公可法衣冠塚的梅花嶺，讓我對梅花多了一分思古之幽情。」

短評　這篇文章有兩處運用「引用法」，引王安石的詩是直接引用，末尾則間接引用史可法當年揚州殉城、埋葬梅花嶺的典故，文章就顯得很有韻味。

●寫作起步走

請體會「數字、引用說明法」的寫作技法，以二百字至三百字，完成下列片段寫作。

一、新竹科學園區參觀記
二、我的家鄉是水果王國
三、捷運線速寫
四、中山高速公路
五、台北信義商圈

六、○○遊樂區
七、○○餐廳
八、龍山寺
九、國父紀念館
十、赤崁樓

●參考習作

一——新竹科學園區參觀記（數字說明法）

「竹科」最輝煌的時代，我沒趕上。今天有幸跟著工程師叔叔到訪參觀，心裡有很多感慨。

新竹科學工業園區是台灣首座科學園區，為全球高科技代工產業的主要重鎮之一，有「台灣矽谷」之稱。成立至今，已有四百家以上高科技代工業、服務業廠商進駐，主要包括半導體、電腦、通訊、光電、精密機械與生物技術等產業，目前已開發新竹園區約六三二公頃與竹南園區約一四一公頃，約有十二萬人在園區工作。如台積電等知名企業皆在此設置據點。

叔叔事先安排妥當，有專門團隊為我們介紹這一家光電企業的創業歷程。我們聽到了竹科的披荊斬棘，也聽到了竹科的絢爛，現在是處於變動比較大的關鍵時刻。最後叔叔請我們在喜來登吃晚餐，告訴我們後生晚輩，要一棒接一棒，走向更美好的明天。

二——龍山寺（引用說明法）

龍山寺，坐落於艋舺，今名萬華。規模雄偉，雕塑精緻，清乾隆三年興建，歷經嘉慶二十年大地震重修，同治六年復修，至民國八年住持福智大師集資再修，奠定今日龍山寺的規模。入口處有免費贈送的龍山寺簡介：「龍山寺坐北朝南，面呈回字形，傳統三進四合院的宮殿式建築，由前殿、正殿、後殿及左右護龍構成。前殿為十一開間，分為三川殿、龍門廳、虎門廳。三川殿前有一對全台僅見的銅鑄蟠龍柱，正面牆堵則由花崗石與青斗石混合組構而成，……正殿屋頂採歇山重簷式，四面走馬廊共四十二根柱子構成，……殿內的螺旋藻井，全由斗栱相嵌築構而成。後殿屋頂採歇山重簷式。左右護龍各配有鐘樓與鼓樓，晨鐘暮鼓，其轎頂式扁六角形的屋頂，造形獨特。」

三——赤崁樓（引用說明法）

這一座寺廟建造於台北市發源地艋舺，是當地老百姓最虔敬信奉的民間廟宇。

到台南來旅遊，除了台南小吃外，還要來全台文化首府巡禮一番。赤崁樓是比較輕鬆的人文旅遊。導遊印了一份資料，給我們做參考：

「赤崁樓是台南最著名的古蹟與精神象徵，西元一六五三年，明朝永曆七年，荷蘭人在此與建『普羅民遮城』，漢人則以『赤崁樓』、『番仔樓』或『紅毛樓』來稱呼它。赤崁樓三百多年來，歷經明鄭、清朝，以至日據時期的變遷，活生生就是一部台灣史的縮影，也是十七世紀以來台南歷史變遷的最好見證。」

走出赤崁樓的園區，心中最深的印象是：赤崁樓除了老樹成蔭的庭園外，高大壯觀的乾隆御龜碑、紛然林立的石碑、石獸與石器，巍然聳峙的海神廟與文昌閣，充滿傳奇色彩的紅毛井，磚石斑駁的普羅民遮城堡遺跡，以及殘存的書院門廳等，都值得細細瀏覽。

說明技巧（四）

比喻、擬人說明法

● 學習主題

比喻說明法和擬人說明法不同；擬人是以物為人，比喻是以物喻物。比喻和擬人說明法，和描寫文、記敘文以及文學作品中的比喻、擬人手法不同；前者要求準確，後者要求刻劃生動。這一章要介紹的是說明文中「比喻、擬人說明法」的寫作技巧。

● 寫作要訣

比喻和擬人，就一般修辭法的觀念來說，都是指以描寫文、記敘文等為範圍，並且以文學的手法進行寫作。然而在說明文中的比喻說明法和擬人說明法，雖然也是借助於比喻和擬人的方法來說明或介紹事物，但是這兩種手法，主要在於達到說明得準確、精練為目的。

●表現技法

一——比喻說明法

◎說明

「比喻說明法」，就是指透過比方的方式來介紹說明事物或闡釋事理。換句話說，就是使用大家熟悉的、常見的事物來比喻大家陌生、罕見的事物。運用比喻說明法，能夠把抽象的事理或複雜的事物，說明得深入淺出、淺顯易懂。同時，運用比喻說明法，可以讓所說明的對象更加具體鮮活，它能使文章活潑生動，激發讀者的閱讀興趣，增加文章的吸引力。

◎技巧

在說明文中運用比喻說明法時，要注意力求準確、貼切，不刻意追求新奇，更不允許誇大其辭，必須能禁得起科學的檢驗。

◎提示

（一）兩者之間具有相似特徵

兩種事物之間，必須具有相同或相似的特徵、性質，否則就不能構成比喻。

（二）兩者之間具有說明性

兩種事物之間，必須具有說明性，用來比喻說明的事物，必須為大家所熟悉和了解，否則，就無法進行說明。

範例　以徐蔚〈我的寵物——大龍蝦〉為例——「我飼養一隻大龍蝦，快有半年了。這隻大龍蝦渾身暗紅色，穿著一件堅硬的鎧甲，上面全是小疙瘩。大龍蝦頭前長著一對長長的觸鬚，經常向左右擺動。一旦發現『敵情』，大龍蝦馬上擺出迎戰的架勢，這對靈敏的觸鬚是優秀的『哨兵』。攻擊力最強的武器要算那一對大螯了，牠每隻螯有兩根鋸齒的鉗，被它夾到，準叫你疼得要死。大螯既能攻擊敵人，又可當取食工具。龍蝦弄到食物，就用大螯夾住往嘴裡送。牠的嘴長在下巴那裡，不容易發覺。嘴很小，平時有兩扇『軟門』擋著，吃東西的時候才『開門』。龍蝦還有個扇子似的尾巴，這個尾巴不大，但很重要。遇到強敵，龍蝦就『三十六計，走為上策』，這時全靠尾巴一伸一縮，帶動身軀迅速『撤退』，落跑了。……別看龍蝦動起來威猛無比，在平時牠可是不愛動的，活像個文質彬彬的書生。」

短評　這篇短文說明大龍蝦的外型特徵時，運用一系列貼切的比喻，最後說明大龍蝦靜止不動時，活像個文質彬彬的書生，又是一個絕妙的比喻。

二——擬人說明法

◎**說明**

「擬人說明法」，就是指運用擬人的手法來解釋事物或闡述事理的說明手法。擬人說明法往往藉著擬人的修辭手法，通常都以第一人稱的自述手法來介紹事物。這種說明文有真切、自然的效果，可以縮短說明對象與讀者之間的距離，並能增添說明文的色彩，使知識性和趣味性融合為一體，容易為讀者所接受。

◎**提示**

（一）**比擬要確實精準**

不可過於誇張鋪敘，否則文章就會顯得冗長、累贅，掩蓋了對事物進行確切說明的任務。

（二）**比擬要貼切自然**

能做到這樣，所要說明的事物中，那些抽象深奧的事理，才能變得具體、簡明，栩栩如生，如在眼前。

範例　以〈鴿子〉為例——「你一定認識我吧——灰黑的小嘴，圓圓的眼睛，矯健的翅膀，鮮明的小爪，還有優雅細緻『咕——咕』的叫聲。對，我就叫做鴿子。雖然，我們這個家庭的成員不像丹頂鶴那樣珍貴，也沒有孔雀那麼美麗，但是我們同樣受到人們的喜愛，因為我們是和平的化身，是吉祥幸福的象徵。……別看我們已經在人類的家庭中落了戶，我們的祖先——岩鴿卻生活在野外。牠們的飛行能力強，耐力佳，並且有個特殊的習性——留戀故居，即使飛越千山萬水，也總要重返故里。人類利用了牠們這個特性，逐步馴化成家鴿。……我們信鴿中的一位成員曾經創造了一一二六〇公里的最高紀錄。這與我們身體的構造是分不開的。我的胸部有一塊龍骨突，上面附著許多肌肉，能夠牽動翅膀的運動；我的骨骼很薄，較大的骨骼是中空的，這不僅減輕了身體的重量，還能加強身體的堅固性；我的大腸很短，不能長時間儲存糞便，及時排出糞便，可以減輕飛翔時的負荷。……那麼我又是憑什麼千里飛行呢？我的頭部有一小片組織，具有磁性，能習慣久居之地的磁場強度。當我在陌生的地方起飛後，我就會向我的磁場感覺最適當、最習慣的方向飛行。……」

短評 這篇文章成功運用擬人的手法進行說明，文章採用「自述」的方式，說明鴿子的體型、聲音特徵、馴養原因、生理特徵、飛行千萬里能返鳥巢的緣由。透過這些說明，使讀者明白鴿子的特徵和相關知識。由於成功的採用擬人自述手法，使得文字生動，自然活潑，富有情趣。

●寫作起步走

請體會「比喻、擬人說明法」的寫作技法，以二百字至三百字，完成下列片段寫作。

一、海底世界
二、迪士尼
三、龍捲風
四、地震來了（可怕的土石流、諾羅病毒大流行、又見腦膜炎……）
五、藍天
六、我是老鷹
七、蛋炒飯自述
八、電腦自述
九、筆的家族
十、蟬

●參考習作

一——地震來了（比喻說明法）

地震，對於生長在寶島的台灣人來說，不足為奇，大家習以為常，甚至是生活中的一部分。輕一點，兩級，像躺在搖床一樣，左搖來右搖去，可以不當一回事。

但如果升上三級，就很「有感」，感覺上就有驚悚的威脅。如果搖久一點，連客廳的美術燈都像盪鞦韆，那感受就不太舒服了；如果先有上下震盪，接著再左右搖晃，人人都必須驚嚇，才對得起地震先生。

地震上了五到六級，每個人心裡都起了海嘯，那極短暫又急劇的恐懼，就是世界末日的感覺。古人以地牛翻身來比喻地震，九二一大地震住南投的人都經歷過，房子倒塌，透天厝東西向變南北向，這個山頭跑到那個山頭的走山，地下鼓起變丘陵，好端端的河流變堰塞湖……

像牛在地底下吼：「地震來了！大地震來了！」那一定假不了……

二——蟬（擬人說明法）

我是蟬，文人喜歡呼我為「知了」，人們真的「知了」，人生就會豁達許多。我一生幾乎都在泥土中度過。我的族繁不及備載，族群很多，種類不少。生命週期有一年、三年、五年、也有十年，甚至也有十來年的。目前知道平均壽命最長的是北美洲的熊蟬，可達十七歲之久。

我的祖先一直住台灣，所以就說說我熟悉的蟬族。台灣的蟬有一百來種，我屬於體型最大的台灣熊蟬，身長約五公分。主要分布在平地以及低海拔地區，在中南部的都市公園和田野十分普遍。我全部的愛情和一生只有短短半個月，我的愛人會把我們的孩子產在樹皮內，孵化後，孩子們會再回到泥土堆裡，度過蟬的大半輩子。每脫一次皮，就長大一些，大約潛藏五年後才鑽出泥土，爬上樹幹羽化。

這樣你們都「知了」了嗎？我們多麼珍惜美麗而短暫的一生。知了、知了……

說明技巧（五）

記敘、描寫說明法

● 學習主題

在寫作當中，記敘、描寫、議論、說明等手法往往是交錯運用，很難截然分開。不過，由於表現對象和寫作目的不同，而各有側重，各有主體。也因為如此，才有夾敘夾議、記敘說明、描寫說明等不同文體相互結合的表現手法。這一章所要介紹的是說明文中「記敘、描寫說明法」的寫作技巧。

● 寫作要訣

說明文當然以說明事理為主，但是為了達到某種寫作目的或要求，也往往要用一些記敘文字，把事件寫得具體、明白、生動。同樣的，有些說明文的表現也常常需要對人物的心聲或事物的特徵進行描述，來幫助說明文的表現。所以，就形成了「記敘說明法」與「描寫說明法」這兩種的寫作技巧。

●表現技法

一——記敘說明法

◎**說明**

「記敘說明法」，就是指說明文為了讓所說明的人物事件達到具體、鮮明、真實的效果，運用記敘的手法，對所說明的對象進行敘述，從而增加說明效果的寫作手法。在日常生活中，我們常常會看到一些紀念性的碑文，比如說橋梁的竣工紀念文，內文往往提到橋的名稱、修建年月日等等文字。就這些文字的任務、作用來看，它們具有說明的性質，但從這些文字的表達形式來看，又是記敘文字，這就是記敘說明文的特性。

◎**提示**

（一）**準確真實**　所記敘的人物、事件、時間、地點，都要真實，準確無誤。因為記敘說明的文字，往往是研究歷史和其他各種學科的基本資料，具有文獻與史料的價值。

㈡**平實記錄** 文字要平實，不要求用很多形容詞和文學表現手法，只須真實記錄即可。

㈢**簡明具體** 記敘說明一般都要求簡明，既要求文字簡潔，又要求事件豐富，明確具體。

範例 以記錄一段發現甲骨文的經過為例——「那是清朝光緒二十五年，有一位叫王懿榮的官員得了病。他懂得醫道，每次抓來的藥，都要親自看看，再送煎熬。有一次，他偶然在一味叫做『龍骨』的中藥上面，發現有許許多多好像文字一樣的東西，他感到驚訝，於是，他把這家藥鋪裡刻有這種文字的『龍骨』全部買下來，憑著他對中國文字精深的造詣，終於考證出這些『龍骨』並不是真正的龍骨頭，而是殷商時代遺留下來的烏龜殼和牛的肩胛骨，上面刻的文字就是當時的象形文字。……」

短評 這段文字以敘述為主，時間、人物、地點、事件等都真實記敘，準確無誤、有頭有尾的記敘了王懿榮發現並考證出甲骨文的過程，這就是典型的記敘說明文。

◎結語

進行記敘說明文寫作時，如果要說明比較生疏的知識和對象，可以採用「先記敘後說明」的手法；如果要使說明增加趣味性，可以採用「先說明後記敘」，或「邊說明邊記敘」的手法。記敘說明文，以說明為主體，切忌反客為主，不必要的敘述過多，反而模糊了說明的主題。

二——描寫說明法

◎**說明**

「描寫說明法」，就是指在說明事理的過程中，透過對人物的心願或事物的特徵進行描繪，使所說明的事物能夠做到形貌具體、特徵凸顯，讓讀者容易理解的寫作技巧。

說明文的文字，一般比較簡明平實，準確嚴密，不誇張、不雕琢、不虛構。但是如果在說明事物時，適當的運用描寫手法，就可以把抽象複雜的事物，表現得鮮明生動，有效的說明描寫對象的基本特徵。

◎**技巧**

描寫說明法，包含了說明和描寫兩個因素，但這兩個因素並非對等的，其中「說明」是主體，「描寫」是輔助，兩者的關係可以說描寫是為了說明，說明也借助於描寫。因此，運用描寫說明法，介紹事物、說明問題，不同於敘述故事、刻劃人物。

◎**提示**

（一）**平實描寫，真切說明**　不要過分鋪陳渲染、細膩刻劃，而是必須以說明事物為依據，講究恰當、貼切、分寸。

（二）**描寫與說明合一**　描寫和說明應該自然的結合，融成一體，不可貌合神離，各說各話；讓說明中有描寫，描寫中有說明，從而使得說明更加真實、具體、生動、感人。

範例　以周建人〈蜘蛛〉為例——「天氣暖起來了，蜘蛛又出來在檐前做網。我留心觀察這隻八腳動物怎樣捉小蟲，牠有各種捉拿方法。如果蚊蚋等小蟲飛來，觸在網上，正在掙扎，蜘蛛忽然趕到，急忙把牠捉住，咬在嘴裡，吸取牠的汁液，或者咬著回到網中央去了，好像我們咬一片麵包或餅乾似的，不費氣力。如果投入網裡的不是這等小蟲，而是氣力較大的飛蟲，牠急忙跑去，便放出絲來，用腳拿了絲去縛，直到那犧牲者不動為止。如果來的是帶『槍』的，例如蜜蜂，蜘蛛見牠被網黏住，趕到前面，用絲向牠身上繞一下，轉身便走，恐怕牠的標槍投著。但走不多遠，又回轉去，再繞一下，又走開。隨後是接連的繞幾轉，跑開一次，等到看看那帶『槍』的飛蟲掙扎的力量已弱，才靠近牠的身邊，把牠細細捆縛，有時捆縛得細密到像一個布袋。」

短評　這段文字是說明作者觀察蜘蛛捉各類小蟲的方法與過程，透過細緻生動的描寫，讓以說明為目的的文章，反而顯得具體、真切、動人。這就是描寫說明文的效果。

●寫作起步走

請體會「記敘、描寫說明法」的寫作技法，以二百字至三百字，完成下列片段寫作。

一、芋頭與番薯

二、碗粿

三、紅綠燈的吶喊

四、說謊的代價

五、擺地攤

六、松鼠

七、大丹狗

八、忠烈祠的憲兵

九、夏雨後的蝸牛

十、蜂窩

●參考習作

一——碗粿（記敘說明法）

台南的在地美食，一定要提到「碗粿」，碗粿的起源很難說明白，但是台南碗粿絕對是代表性的小吃。台南碗粿的做法是先以在來米磨成米漿，接著在陶碗裡依序放入肉片、鴨蛋、蝦仁、香菇和肉燥，再倒入米漿，擺放在竹蒸籠炊熟。掀起竹蒸籠蓋時，陣陣撲鼻而來的是竹子天然的香氣，這是台南人記憶裡的符號。

台南碗粿的製作嚴謹，米漿蒸到將變硬時，要掌握中間熱傳導不能快過旁邊，一脹一縮就形成一個凹塌。碗粿能炊出這凹塌處，代表完美的水粉比例與蒸煮火候。「阿婆炊粿，倒塌」的歇後語就是這樣來的。

台南碗粿的肉燥屬重口味，但是彰化以北的碗粿，吃法完全不同。因為以純米漿為主，炊熟的碗粿完全呈白色，無色無味，所以美味的關鍵便取決於醬油膏的味道。碗粿的學問還真大呢！

二——夏雨後的蝸牛（描寫說明法）

悶熱的夏天，下過雨後，竹籬笆上、木板屋邊、爬藤樹上，蝸牛就三三兩兩出現了，想必是為了出來看彩虹吧！蝸牛一出生，背上就有殼，不管蝸牛長多大，殼都適合牠的身體。殼破了，蝸牛會自己修補，走到哪背到哪，是完全不用付房租的甜蜜負荷。大自然實在太奧祕了。

永遠不著急的蝸牛一族，喜歡下雨天，感覺起來是個浪漫的詩人，雨不停的落下，愛水的蝸牛，滑行散步，尋找吃的，尋找牠的愛情。牠天生大近視，蝸牛的眼睛，靠觸角在那轉啊轉，像隻天線在蒐集電波，聞聞哪邊有食物，哪邊有水，或是哪邊有同伴。調皮的孩子以手靠近觸角附近，牠轉身就跑了。

慢自活，慢自味，你會唱蝸牛歌嗎？「我要一步一步往前爬……」夏日的午後，我們一起來找蝸牛。

說明技巧（六）

定義、分析說明法

●學習主題

在傳統的說明文中，對於只有一個論點的題目，我們就要注意這個事物所涵蓋範圍的大小。小範圍題目的作文，一般而言，離不開「是什麼」、「為什麼」、「怎麼樣」三個形式。「定義說明法」相當於「是什麼」型的說明文；「分析說明法」則相當於「為什麼」型的說明文。這一章要介紹的是說明文中的「定義、分析說明法」的寫作技巧。

●寫作要訣

就說明文的立場而言，介紹一件事物的方法，大致有三個途徑：「是什麼」型的說明文，主要在解釋事物的意義和本質，例如：這是一件「什麼」事物。「為什麼」型的說明文，主要在說明這個事物或事理的重要性、目的和理由，例如：「為什麼」要重視它。「怎麼樣」型的說明文，主要是就事物的發展提出方法、計畫或願望等等，例如：「怎麼樣」處理？

●表現技法

一——定義說明法

◎**說明**

「定義說明法」，就是指為某一事物下定義，說明這一事物的特有屬性。它是一種比較嚴密、科學的說明方法。

◎**技巧**

一般來說，定義說明法的任務，第一是對某一事物下定義，以揭示這個事物的本質、特點；第二是對這一定義的內涵做必要的解釋說明。在文字運用的習慣上，定義說明法不能用比喻，不能用形式，而是要直接下定義。

◎**提示**

（一）**簡明精準**　首先要對事物的性質，有正確而清晰的認識，否則在下定義的時候，就會模糊不清，令人滿頭霧水。

（二）**簡單扼要**　為事物下定義的時候，文字要練達、措辭要扼要、解說要明白。這樣才容易讓讀者理解。千萬不要囉嗦繁瑣，造成文章糾纏不清，如此定義說明就完全失敗了。

範例　以〈戲劇〉為例——「看戲，是我們平日經常性的休閒生活之一。我們通常說的戲，就是指戲劇，也就是演員在舞台上扮演給觀眾看的那個已經做過專門安排的故事。……戲劇是一種受時間和空間限制的藝術。從時間上來說，一齣多幕劇，必須在三小時左右演完。從空間來講，劇本儘管可以分幕分場，演出時可以更換布景，但它畢竟不同於電影或小說，仍然受到舞台空間的限制。為了解決這個困難，戲劇家對情節的安排，故事的穿插，語言的運用，就特別需要講究精練的精神。……戲劇的基本要素是矛盾衝突，所謂：『沒有衝突，就沒有戲劇。』這就充分說明了戲劇衝突在劇本中的重要地位。……戲劇又是一種綜合性的藝術。一齣戲，要有劇本、演員、布景、燈光、服裝，還有音樂。這就包含了文學、表演、舞蹈、美術、音樂，甚至於武術、雜技等等，需要各種人力的通力合作，而靈魂人物就是導演。……戲劇的樣式和類型相當複雜，以劇本篇幅的長短來說……以題材的範圍來看……從表演形式的不同……」

短評　這篇文章給「戲劇」下的定義：「就是演員在舞台上扮演給觀眾看的那個已經做過專門安排的故事」。接著，又從四個方面對戲劇的內涵做解釋：（一）它要受時間和空間的嚴格限制；（二）戲劇的基本要素是矛盾衝突；（三）戲劇是一種綜合性的藝術；（四）戲劇的樣式和類型相當複雜。這種找出說明對象特點的手法，就是定義說明法。

二——分析說明法

「分析說明法」，就是指分析事物成因的說明文。這種說明手法，大多用來揭示某些自然現象形成的原因，例如坊間科普、百科類的書，就是這種類型的說明文字。人們在日常生活中常會碰到許多疑惑不解的現象，例如：為什麼柱子的基石會「冒汗」？為什麼鱔魚在乾涸的泥土中不會死？為什麼人會做夢？為什麼人會發胖？諸如此類，對於這些大自然現象的解釋說明，就是分析說明法。

◎提示

（一）**提出問題**　提出一個大家都希望了解的問題，例如：「肥胖的原因何在？」「真有地獄嗎？」而提問方式通常有兩種，第一種是一開頭就提出問題，另一種方式是先敘述奇特的現象，再提出問題。

（二）**自問自答**　分析說明法中一般都運用設問格中的「提問」，也就是作者必須回答自己所提出的問題。這種回答在多數科學知識說明文中，是對大自然現象成因的分析。

（三）**知識淵博**　分析說明法要求寫作者知識要廣博，累積的材料要豐富，這樣分析才能透澈、全面、周延，令讀者信服。

範例　以〈沙漠裡的怪現象〉為例——「古代親身到過沙漠的晉僧法顯、唐僧玄奘，都把沙漠說得十分可怕，人們對它也就產生了深刻的印象。法顯法師的《佛國記》說，沙漠裡有許多惡鬼和火熱的風，人一遇到就會死；玄奘法師《大唐西域取經記》也說，東行入大流沙，沙被風吹永遠流動著。……沙漠真像法顯和玄奘所說的那麼可怕嗎？我們平心靜氣的想一想，當年法顯出發時，只有七個和尚結伴同行，後來有人開溜、有人病死，最後只剩下他一人。唐玄奘也是單槍匹馬深入大戈壁，當然就十分困苦了。……沙漠裡真的有魔鬼嗎？傳說中有所謂『魔鬼的海』，當人們掌握自然規律之後，便能以科學的知識把光怪陸離的現象說清楚，原來沙漠中地面被太陽曬得酷熱，貼近地面的一層空氣，要比上面一兩公尺的溫度高出許多。由於光線折射的影響，人們產生了一種錯覺，高大的樹木看來像倒栽在地面上，蔚藍的天空倒影在地上，便看成是汪洋萬頃的湖面了。這就是海市蜃樓，哪是什麼魔鬼的海？……」

短評　作者先提出問題：「沙漠裡真的有魔鬼嗎？」然後再回答問題：沙漠上光怪陸離的現象——魔鬼的海。是因為沙漠中的地面被太陽曬得酷熱，貼近地面的一層空氣，要比上面一兩公尺的溫度高出許多，這樣由於光線折射的影響，人們產生了一種錯覺，形成了海市蜃樓。這就是分析說明法。

●寫作起步走

請體會「定義、分析說明法」的寫作技法，以二百字至三百字，完成下列片段寫作。

一、好學生
二、良師
三、杏林春暖
四、善行
五、理性
六、地牛在動
七、收驚
八、算命

九、南無阿彌陀佛

十、上天堂

●參考習作

一——好學生（定義說明法）

功課好，是好學生嗎？聽話，是好學生嗎？這都算。有一顆菩薩心腸，是好學生嗎？有幫助別人的善心，是好學生嗎？這能不算嗎？學生到學校來學什麼？不就是來學做人，來學做事嗎？學生到學校來學什麼？學生，學「生」，最簡單的定義：就是學著怎麼活。

學生到學校要學陌生的知識，學生到學校要學生存的能力，學生到學校要學生活的趣味，學生到學校要學求生的韌性，學生到學校要學生命的價值，學生到學校要學生生不息的使命。

就人的價值而言，好學生就是學好怎麼做一個人，活得有尊嚴，活得有價值，活得問心無愧，活得頂天立地。我們常常聽長輩罵人：「他不是人！」這就罵到底了。我們老祖宗認為天地間最可貴最有靈性的就是人。好學生，先學好做一個好人。

二——良師（分析說明法）

良師和名師有什麼不同？世俗的價值標準漸漸混淆，常常把名師當成良師。嚴格來講，名師必須是良師，但是良師不一定是名師，既是良師又是名師，這是實至名歸的好老師。

在追求名氣的庸俗社會裡，有名的大牌子，有名的豪華車，有名的貴別墅，有名的大明星……品類繁多，就是離不開一個「名」字。在隨波逐流的大時代中，一個人能堅持自己的聖潔、自己的責任、自己的靈魂、自己的良知，這不是容易的事。堅持做對的事，堅持做好的事，堅持做對得起良心的事，這是人性的價值。

經師易得，良師難求。意思是說，專精一個知識領域的教師很多，能把教學重點放在教人，人品操守能以身作則把學生教得好的良師難得。自己能做好再要求學生怎麼做，能做學生典範的，就是良師。撇開有不有名不談，其實堅守崗位，有守有為，誨人不倦的好老師到處都是呢！這樣你知道什麼叫做良師了嗎！

說明技巧（七）

抒情渲染、議論點題法

●學習主題

一篇說明文很少是純粹的說明文字，所以適度加入記敘、描寫的手法，可美化說明文的效果。同樣的，在最恰當的地方，加入抒情和議論的表現技巧，也能強化說明文的信服力，加深讀者對所說明事物的認識。這一章要介紹的是說明文中「抒情渲染、議論點題法」的寫作技巧。

●寫作要訣

運用抒情或議論的文字，加入說明文當中，目的只是在增加說明文的效果，因此，不宜整篇整版的運用。只是在說明文當中，適度加一些抒情的文字，達到渲染的作用；或者是在關鍵的地方，加上一兩句或十幾句議論的文字，收到畫龍點睛的效果。

●表現技法

一——抒情渲染法

◎說明

「抒情渲染法」，就是指在說明文當中適度加進一些抒情化的文字，稍做渲染，烘托氣氛，使說明的事物形象鮮明，讓讀者對所說明的事物有更深刻的印象。

◎技巧

渲染，大多用來做為誇大形容的表現手法，文學作品的渲染，主要是指對人物的刻劃或者對環境氣氛的烘托。在記敘文、小說或散文之中，常常會用到抒情渲染法。這種手法運用到說明文，主要是輔助作用，目的在加強效果。它不能長篇鋪陳揮灑，而是有選擇性的在某個片段，做精簡扼要的點綴，文情宜簡不宜繁，字數宜少不宜多。

◎提示

（一）**選擇適當的位置**　一篇說明文，並非每個段落都要運用抒情渲染，必須視文情的需要，開頭、中幅、結尾都可以斟酌使用。

（二）選擇適當的時機

抒情渲染是為了說明而抒情渲染的，不是為了抒情而抒情。所以在沒有抒情不能達到說明效果時，就是抒情渲染的適當時機。

範例1　開頭的抒情渲染法，以〈圓的世界〉為例——「圓圓的月亮曾經引起無數遊子對親人和故鄉的懷念。當你來到西湖『三潭印月』的中心綠洲，沿著立體花窗，穿過中間的圓洞門，頃刻間便有一種幽深、恬靜之感，圓洞門與周圍的花窗、長廊、曲橋，形成美的畫面，是多麼引人入勝啊！在平靜的湖面上，丟下一顆小小的石子，湖面上便會泛起層層的漣漪，一圈又一圈，無數的同心圓，起伏著、擴散著，這些簡單的圓將會引起人們多少遐思呀！」

短評　這篇文章的開頭以自然流利的抒情筆調極力渲染，具體凸顯了幾個不同地方、不同事物的圓，天上的圓月，人間的圓門，水中的圓圈，把我們帶進圓的世界，使人受到深刻的感染，加強了說明文的效果。

範例2　結尾的抒情渲染法，以〈想像〉為例——「……想像是星星之火，有的熄滅了，有的會引起席捲山林的熊熊烈焰；想像是大海中的滾滾波濤，沒有它，海洋就會是一潭死水。」

短評　以上文字，運用抒情渲染法，把「想像」比喻為「星星之火」、「滾滾波濤」，從正反兩個角度強調了「想像」的作用。透過抒情渲染，為總結做了亮麗的說明。

二——議論點題法

◎說明

「議論點題法」，就是指在說明文的某個關鍵處，以幾句乃至十幾句的議論文字點明主題，從而使得內容更加深刻，更具說服的效果。

一般而言，議論點題法在記敘文中使用比較多；其次，有很多說明文也使用這種手法做為輔助說明之用。一篇說明文，在文章的關鍵點上，加入少量且精闢的議論文字，可以讓說明文的主題更加深刻，收到點題的效果。它是說明文經常用到的一種寫作技巧。

◎技巧

議論點題法在整篇說明文中，雖屬於點綴的作用，但往往能發揮畫龍點睛的效用。它不能從頭到尾運用，應視文章的需求，可以在開頭、中幅、結尾等處選擇使用。開頭議論，一般是用來扮演闡述事理的原因；中間議論，則具有過渡、銜接的功能；結尾議論，則往往以總結全文、深化說明為主。

◎ **提示**

（一）**文字要簡明扼要** 少則一句，多則百字，均無不可。

（二）**時機要選擇適當** 需要議論才議論，要自然運用才能與說明文融合為一。

（三）**要以說明做基礎** 不可天馬行空、亂發議論，尤其是結尾，更要講究分寸，扮演好點綴、輔助的角色。

範例1 開頭的議論點題法，以〈怎樣做筆記〉為例——「讀書要勤做筆記。讀書做筆記有助於記憶，累積知識。許多學業有成就的人，都曾在這方面下過深功夫。……前人有一個重要的學習經驗說：『不動筆墨不讀書。』老師常常告訴我們：『讀書不要貪多圖快，要仔細研讀。』……買書不如借書，借書不如抄書，全抄不如摘抄，更強調了讀書要重視做筆記。……人的大腦好像知識的寶庫，讀書善於做筆記的人，知識經過整理、消化，能有條理的積累下來，腦中就有隨時能支配的知識財富。隨著知識的增長，於是寫文章、分析事理的能力也就日起有功了。」

短評 本段文字一起筆未說先議，「讀書要勤做筆記」就是論點。這一段開頭文字以「議論」出發，點出說明的重心，加強說明對象的特徵，闡述了為什麼讀書要做筆記的問題，也說明了做筆記的作用和重要性。

範例2 結尾的議論點題法，以〈幾度興衰話東林〉為例——「……旭日東升，朝暉滿天，一個偉大嶄新的時代來臨了，東林書院做為歷史的陳跡，將反覆告誡今日的東林學生和每一個前來瞻仰的人們，在新的年代裡，要繼續和發揚先輩的優良傳統，增強民族的優越感，發憤努力，振興中華，使自己無愧於先輩，也無愧於來者。」

短評 這段結尾，既交代了寫作的目的——東林書院的歷史沿革，更重要的是激勵人們，要發憤努力，振興中華，使自己無愧於先輩，也無愧於來者。對所說明的主題有畫龍點睛的作用。這種先說明後議論（結尾）的手法，在說明文經常使用。

●寫作起步走

請體會「抒情渲染、議論點題法」的寫作技法，以二百字至三百字，完成下列各題。

一、愛
二、蹉跎
三、友情
四、妒忌
五、缺陷
六、圍棋

七、網咖何處去

八、戲水

九、集郵

十、由赤壁話三國

● 參考習作

一——友情（抒情渲染法）

當你孤單時，風兒就是我的歌聲，但願它能讓你獲得片刻的安慰；當你驕傲時，雨點就是我的警鐘，但願它能讓你獲得永恆的謙遜。

要珍惜朋友之間的緣分，因為芸芸眾生當中，只有朋友最氣味相投，患難與共。過火的友情，會化為灰燼；但是淡泊的友情，會歷久彌新。有些人，有些事，不是你想忘記就能忘記。記住該記住的，忘記該忘記的，改變能改變的，只要友情在，有時候也可以接受不能改變的。

友情是燈，愈撥愈亮；友情是河，愈流愈深，友情是花，愈開愈美；友情是酒，愈陳愈香。

生活就像一望無垠的大海，友情就像大海中的浪花，大海有了浪花更美麗，生活有了友情更甜蜜。人不能孤獨而無友，你我都需要友情的滋潤。

二——妒忌（議論點題法）

怕輸別人，很可憐；怕別人贏過自己，很可悲。在成長的過程中，難免會競爭，也會有所比較。考試，常常造成團體緊張或疏離，是學習最糟糕的一種考查。

沒有一個人會去培養妒忌心，嫉妒是最無趣，也是很具破壞性的心理。這種情緒大多因別人勝過自己而產生怨恨，同時往往夾雜著想要奪取或者破壞對方的情緒，因而產生忌恨心。想要改善自己的心態，先要反思妒忌心從何而來？然後把該做的事做好，將不健康的心態放下。

妒忌有鮮明的攻擊性，常不惜顛倒黑白；還會有明確的針對性，而生極端的自私心。如果不能轉移或調整，不斷發展的妒忌心，就會一直都在，妒忌者往往有不易察覺的偽裝心理，見不得人好是十分可怕的。

議論技巧篇

根據某個事物、某個問題或某個現象，經過自己深入的思考後，透過論證的方法，進行分析評論，表達自己的立場、觀點、態度和主張，這種表達的手法就是議論文。

議論技巧（一）

正面論證法

●學習主題

議論文，簡單的說，就是根據事實或事理來凸顯自己的主張，也就是把自己對事物或現象的看法、見解表達出來。一般來說，一篇完整的議論文，應該包括論點、論據、論證這三個要素。這一章要介紹的是議論文中「正面論證法」的寫作技巧。

●寫作要訣

法國哲學家笛卡兒說：「我思故我在。」人都有腦子，有腦子就得思考。思考就是對事物進行分析、歸納、推理、判斷，然後產生思想上的認知，將這種認知，運用高度概括的文字表達出來，就離不開議論。

●基本要素

議論文的基本要素：包括論點、論據和論證。以下分別說明：

一——論點

所謂論點，是指寫作者對於所要議論的問題抱持的態度和看法。我們都知道，不同的人，思考問題的角度就不一樣，自然會產生不同的論點。

範例 以「論愚公移山」為例，它可能有下列幾種不同論點：

1 有的人認為「愚公移山」所展現的是不屈不撓的意志，我們要效法這種堅毅不拔的精神。

2 有的人認為「愚公移山」違背了自然規律，根本看不出它的可行性。

3 有的人認為「愚公移山」沒有通權達變的智慧，山不轉路轉，何必如此大費周章呢？

二——論據

所謂論據，就是理論的根據。「根據事實提出自己的見解」中的「事實」，是寫議論文的基本手法。所謂「事實」，就是我們常說的論據（包括古今事例、言例等）。「論據」，是議論文當中用來佐證論點的依據，一般可分下列兩種：

（一）**事實論據** 包括歷史故事、名人軼事、親身經驗、自然界知識、新聞新知等。

範例 以論據輔助「實踐」這個論點為例——「愛迪生並沒有受很多正規的學校教育，但是他從小就喜歡做實驗，他致力於科學的實驗研究，不知失敗了多少次。終其一生，他申請的專利有一千多種，後人稱他為『發明大王』。」

（二）**事理論據** 包括名言佳句、哲理思想、俗語、格言、諺語等。

範例 以論據輔助「實踐」這個論點為例——「南宋詩人陸游：『紙上得來終覺淺，絕知此事要躬行。』這兩句詩的意思是說，從書本上所得的知識，總是感受不夠深刻，想要體悟種種真理，親身實踐，才是最直接的一條路。」

三——論證

就是利用論據來闡明論點的方法，也就是「根據事實來提出自己的見解」中的「提出見解」。它有以例子論證、以比喻論證、以對比論證等手法。

議論文中，論點是一篇文章的靈魂，證據是為了證明論點而提出的例子，論證則是把「論點」和「論據」巧妙連結的方法。一篇好的議論文，三者缺一不可。

●寫作步驟

正面論證法就是根據可信的事實和充分的理由，從正面進行論證，用來表達自己對某些問題的見地和主張。

(一)**正面立論**　立論時可以採用開門見山法，直截了當的提出自己鮮明的觀點。

(二)**展開議論**　議論時，則必須選擇好的論據，來證明自己的觀點。證據可以多也可以少，但是要站得住腳，才有說服力。

(三)**提出結論**　最後提出結論，要與文章開頭的立場、論點一致。

●重點提示

進行正面論證法寫作時，一定要發揮論據的作用，千萬不要流於泛泛論說、東拉西扯；沒有具體的論據，只是抽象的空談，寫出來的文章是沒有感染力的。

範例　以〈選擇人生〉為例——

論點　人生重在選擇，有人主張閒雲野鶴，悠哉悠哉過日子；有人主張隱居山林遁世一生；有人選擇名利，庸庸碌碌一輩子；我則選擇莊嚴的人生，精采的為真理的人生，漂亮的活一次。

這是我對人生要活得有意義的定義。

論據 屈原徘徊在汨羅江邊，將自己的生命吟詠成流芳百世的傳奇；荊軻「風蕭蕭兮易水寒」的悲歌，留給後人的鮮明印象是抹不去的英雄背影；當烏騅哀鳴、虞姬自盡，項羽兵敗垓下，為江東父老負責的那一劍，是鮮活的悲壯。

論證 芸芸眾生之中，世上並非只有唯一的自己，面對迷霧滿布的人生之路，我要選擇五彩斑斕的人生，那才是有意義的人生。也許屈原可以選擇歸隱，也許荊軻可以選擇逃避，也許項羽可以選擇渡江，但是他們都選擇了凝重的人生，目送飛鴻，眉凝長空，將生命送上知其不可為而為的祭壇，昇華他們的生命。讓我們勇敢的選擇自己的人生之路，史冊昭昭，沒有一個人因貪戀溫床而得以永垂不朽。不要畏首畏尾、因循苟且，只有壯懷激烈，勇於自我實現，才是一個偉大的人生。

● 結語

正面論證法，是開門見山的直接表達自己的主張，一下子就界定了自己的立場，這種寫法適合直接表現自己鮮明的論點。它和說明文中的解說闡釋不同。說明文中的闡釋在於客觀的解釋事物的特性，重在說理；議論文則主要在主觀的闡述自己的看法，重在議論，必須進行論證，來建立自己的觀點。這一點分別，不可以不知道。

●寫作起步走

請體會「正面論證法」，分別就論點、論據、論證三個內涵，做簡要的概述。

一、心靈的選擇
二、我看機會
三、成功的祕訣
四、走自己的路
五、回報
六、論快樂
七、寬容自己
八、尊重
九、樸素
十、生活

●參考習作

一——心靈的選擇

論點　我們心靈的選擇往往左右未來的路途，也許平穩的步道安逸舒適，但踏破鐵鞋也許能有不同的見識。

論據　馬丁·路德可以任由舊教會淫威，持續於歐陸蔓延而視若無睹；威廉·威伯福斯可以任英國人持續販賣黑奴而置身事外；曼德拉也可以在牢中自怨自艾，慨嘆自己的膚色……

論證　但是他們沒有，他們選擇了更為辛苦的道路，他們的心靈選擇相信自己認定的真理，即使席不暇暖，即便那條道路上布滿了顯而易見的荊棘，他們仍努力為真理奉獻。我企盼我的心靈與他們一般純淨，一般堅毅。在追尋真理時，我能夠正視眼前的困難，用我的心靈鋪出自己的康莊大道。（蔡榮庭）

二——寬容自己

論點　從小到大，我們經常抱著一種信條：「嚴以律己，寬以待人。」這句格言讓我們習以為常的認為：要嚴格要求自己，要多多寬容別人。意思是說，寬容自己比寬容別人容易。事實上，不一定如此。從內心去想，原諒別人比寬容自己簡單多了。

論據 英國作家J．K．羅琳在小說中曾道：「原諒別人比寬恕自己容易。」讀第一遍時，我沒有辦法理解她的深意，直至後來我才愈來愈明白。

論證 我們在原諒別人時，是原諒別人的過錯，但這些「錯」並不是自己造成的。就結果論而言，我們所以認定它錯，是因為它導向錯誤的結果，但因為是別人造就的現況，我們不需要對此負責，所以能夠坦然原諒他人，畢竟指責已於事無補。

但是自己鑄成的錯誤，卻是無法輕易寬恕的。我們會愧疚，認為必須對劣勢的結果負責任，即使別人已經原諒自己，但有時一句安慰或贊同的話語，都可能成為再掀一次瘡疤的行為。那些寬恕、寬容時時昭示著我們曾經犯的錯，我們也頻頻告知自己不貳過，如此情緒的積累跟折磨，反而讓我們離寬容自己愈來愈遠，心靈上的枷鎖卻愈銬愈多。（蔡榮庭）

議論技巧（二）

反面、引用論證法

● 學習主題

論點是文章的中心，我們在文章中明確的表示贊成或反對、肯定或否定，對某件事、某種現象發表議論，必須態度明朗，觀點明確；不能含糊籠統，更不能前後觀點不一致或者觀點自相矛盾。這一章要介紹的是議論文中「反面、引用論證法」的寫作技巧。

● 寫作要訣

寫議論文時，針對某種事實或某個現象，一般可以從以下幾個角度來「提煉論點」：

（一）根據事實的角度

文章論點的建立，一般是根據事實的價值判斷來決定。例如：好壞、優劣、善惡、美醜、贊成反對等等來考量。

（二）**根據「是什麼」的角度**

對所要議論的問題，從「是什麼」的角度來提煉論點，是迅速、正確提煉論點的方法。寫作的要領是提出你對這個主題的理解「是什麼」，你要怎樣定義這個問題。

（三）**根據「為什麼」的角度**

對所要議論的問題，從「為什麼」的角度來提煉論點，可以從主觀的原因、客觀的原因以及結果等方面來考慮。

（四）**根據「怎麼樣」的角度**

對所要議論的問題，從「怎麼樣」的角度來提煉論點，也是從主觀、客觀兩方面來看，這種手法要從態度和方法來進行寫作。

●重點提示

（一）**敘事要求簡潔**　議論文的敘事很簡潔，只注重事實的結果與影響，並不注重敘事的過程。記敘文敘事具體詳細，議論文則敘事簡潔。

（二）**文句要求概括**　議論文的文字必須含有高度概括的特質，概括性不是籠統和模糊。籠統和模糊是指敘事不詳細、不確切；概括則是由具體事物歸納出道理，具有一針見血的效果。

（三）**思維要求嚴密**　進行議論文寫作時，不僅在邏輯推理上力求無懈可擊，同時在論證過程也要力求天衣無縫。

●表現技法

一——反面論證法

◎說明

「反面論證法」，就是不從正面直接論證自己的論點，而是從反面間接證明自己的論證手法。為了證明自己論點的正確，先駁倒對方的論點，以對方的錯誤來證明自己的主張正確；或者為了反駁對方的論點，先證明自己的論點正確，再以自己的正確論點來證明對方的錯誤。這兩種都屬於反面論證法。

◎技巧

反面論證法最基本的條件是，正面論點和反面論點必須是相互矛盾、相互對立的。

範例　以〈知不足常樂〉為例——

論點　本文要以反面的論點來批駁「知足常樂」的觀點，針鋒相對的提出新論點——「知不足常樂」。「知不足」，是指學問、事業等不斷努力、奮鬥來說，人生就是一場奮鬥史，快樂的源泉就在於永無止境的奮鬥，不斷的創造，以及不眠不休的探索。根本上來說就在於永不懈怠，不以現狀為滿足，只有不知足，才能勇於奮鬥，勇於創造，勇於探索，才能不斷獲得新的快樂。

論據　政治上知不足——台灣從威權到解嚴；經濟上知不足——台灣從十大建設到經濟起飛；大陸從極權獨裁到經濟開放；科學知不足——英國科學家牛頓創造牛頓力學，奠定物理學權威，後半生自我滿足，漸漸黯然失色；文學知不足——宋代王安石為了推敲「春風又過江南岸」這句詩，把「過」字改為「到」、「遍」、「滿」、「吹」，直到「綠」字，終成千古名作。

論證　所謂「學無止境」、「奮鬥無窮期」，在人生的旅程中，只有知不足，不斷超越，才能高瞻遠矚，登上萬丈高峰。

◎結語

反面論證法中的反面論點，有時是客觀存在的，有時是作者假設的。運用反面論證法，由於能夠凸顯它的論證效果，所以，在議論文中也是常用的寫作技巧。

二——引用論證法

◎說明

「引用論證法」，就是指引用名言佳句、格言諺語、成語典故、經典哲理等，來證明自己論點的議論手法。我們平常寫議論文，往往運用到這種手法，它可以發揮旁徵博引、充實論據的效果，增加文章的說服力。

◎方式

（一）**間接引用**　概述他人文章的大意，運用其基本思想和觀點。

（二）**直接引用**　直接摘錄他人的原文，引用時要用引號標示，以表明對原文未做任何更動。

範例　以〈論勤奮〉為例——

論點　世界上有許多著名的科學家、文學家和藝術家，都是幾經勤奮努力，才取得成就。這些在各領域成功的人物，都不是巧取豪奪得來的。他們一致認為：勤奮是通向顛峰的階梯。

論據

1 愛迪生——成功是靠一分天才加上九十九分的努力。

2愛因斯坦——成功就是勤奮加上正確的方法以及少說廢話。

3唐．黃蘗禪師——「不經一番寒徹骨，焉得梅花撲鼻香？」

4唐．韓愈——「業精於勤荒於嬉。」「焚膏油以繼晷，恆兀兀以窮年。」

5民國．胡適——「要怎麼收穫，先怎麼栽！」

6蘇聯．高爾基——「我撲在書本上，就像飢餓的人撲在麵包上一樣。」

論證　這些閃閃發光的名言，都是科學家、文學家等從自己生活體驗中提煉而成的。他們凝煉了人生的真理和功成名就的客觀定律，十分富有哲理的意味。

●寫作起步走

請體會「反面、引用論證法」，分別從論點、論據、論證三方面，完成下列各題。

一、論理想

二、流行，迷失自己

三、近墨不一定黑

四、蹉跎

五、學然後知不足

六、一句格言的啟示
七、滿足
八、有錢就有幸福嗎？
九、峰高無坦途
十、屈服

●參考習作

一──一句格言的啟示（引用論證法）

在《論語》這本書當中，有一句孔夫子的名言：「三人行，必有我師焉！擇其善者而從之，其不善者而改之。」孔子肯定每個人都有值得我們學習的地方。見賢思齊，擷取對方的優點好好學習；見不賢而內自省，看到對方的毛病要反思，過則勿怕改。

尺有所短，寸有所長，每個人都有他的價值。不是說「智者千慮，必有一失；愚者千慮，必有一得」嗎？看人要看他的長處，不要挑他的短處。有欣賞別人的雅量，才能發現別人的優點；有反求諸己的自省能力，才能擁有嚴格自律的智慧。

人常常用雪亮的眼睛去檢驗別人的毛病，這是天性；卻不肯張開自己敏銳的雙眼透視自己的劣行，這是習性。將心比心，換個立場，就什麼都海闊天空了。

二——有錢就有幸福嗎？（反面論證法）

大家常常聽到一句話：「錢不是萬能的！」它無法買到時間，也無法買到健康，有錢不一定能解決天下所有的事情，這是真的。但是如果窮到身無分文，就不能擁有最基本的幸福了。想想看，不管什麼理由，一旦你的經濟能力陷入絕境，處在貧窮的深淵，連最基本的吃住都不能飽足，請問：「你會幸福嗎？」萬一家人生病，自己身上又一文不名，沒錢讓家人醫治，只能眼睜睜看著他痛苦又無能為力，這樣你會快樂嗎？

錢可以使你在物質方面感到滿足，感到安全感，世界上的每一個國家不是都在追求更富裕的生活嗎？唯有在衣食無後顧之憂，不必擔心寅吃卯糧的陰影下，生活才能愈過愈好。富而好禮的社會，是國家幸福指數的依據。衣食足然後知榮辱，為國有民者，不要畫大餅，讓人民有錢，社會才會安定，老百姓才會有幸福。

議論技巧（三）

舉例論證法

●學習主題

議論文中做為事實的論據，大多是現實生活中的典型事例、歷史上的典型事件和人物、知識新聞以及數字統計資料等等。在進行論證時，不應只有論點加論據的簡單組合，應該透過對事例的分析，使事例和論點產生密切聯繫。這一章要介紹的是議論文中「舉例論證法」的寫作技巧。

●寫作要訣

我們常常說：「事實勝於雄辯。」運用令人信服的事例來論證你所提出的論點，讓事實說話，使論點有根有據，這是論據最大的作用。但是，光憑提出一堆事例，並不能周延的證明論點，反而會造成刻意堆砌的缺點。所以，不管是先建立觀點，後列舉事例；或先列舉事例，再與論點結合；或一邊舉例一邊議論，都要做好分析。分析，是點明事例的內涵，讓事例和論點緊密相連。

但是分析貴在簡明扼要，只要扮演好橋梁的工作就好，千萬不要拖沓重複。

● 寫作技巧

(一) 假設推論

就是針對所提出的事實，進行假設性的推論，句法結構是：「如果怎麼樣，那就會怎麼樣。」這是最基本的論據分析。

範例 以〈尊嚴〉為例——「李白為人正直，從來不向權貴奉承巴結，堅持自己的人格與尊嚴。如果李白當時肯低頭妥協，官場上或許無往不利，但是他的人格尊嚴就會斯文掃地，那麼詩壇上恐怕就沒有崇高的地位了。」

(二) 反面闡述

就是根據事例，從反面的角度進行闡述，這種分析手法和假設推論有同樣的效果。句法結構是：「如果不怎麼樣，結果會怎麼樣。」也是經常運用到的論據分析。

範例 以〈假話〉為例——「唐玄宗很愛聽好聽的話，偏偏安祿山最會講順風話，所以，兩人關係十分親近。唐玄宗經常被安祿山的甜言蜜語攪得七葷八素，殊不知人心隔肚皮，如果當時唐玄宗能不陶醉在安祿山的佞言之中，也就不會發生安史之亂而禍國殃民了。」

（三）分析關鍵環節

就是針對事例中的關鍵環節，提出來分析，以凸顯論點。如事例中的因果關係、態度、方法等等，都是關鍵處。

範例1　以「因果關係」為例——「劉備三顧茅廬，孔明鞠躬盡瘁，死而後已，說明了士為知己者死的道理。一個為政者，要有禮賢下士的誠心，才能招納賢良，共創大業。」

範例2　以「態度」為例——「國父孫中山先生領導革命，屢仆屢起，不屈不撓，終於建立亞洲第一個民主共和國。這都是他愈挫愈勇，夙夜從公，才能戰勝挫敗，克服難關。」

範例3　以「方法」為例——「人不能同時腳踏兩條船，只有確定一個人生目標，加上持續不斷的努力，才能開花結果。孟子說過：『魚與熊掌不可兼得。』如果你貪多務得，什麼都要，最後什麼都抓不到。」

（四）結合人生經驗

從自己親身的經驗或社會的經歷進行分析，能使例子更加親切，也是常用的論據分析。

範例　以〈抱負〉為例——「我曾經有很多的抱負：想當政治家，可是一打開電視，都是政治鬧劇；想當老師，可是流浪教師又滿街都是；想當個殷實的商人，又覺得經濟蕭條，什麼行業都不對勁。後來讀了鄭豐喜《汪洋中的一條船》，讓我的人生重燃希望。理想要成功，就要堅定信念；抱負要施展，就要不畏橫逆。」

●重點提示

舉例論證法是運用具體事實來證明文章的論點，是中學生用得最多的一種論證手法。這種手法是以事例為主，和一般引用事例，分量地位都不同，要留意以下重點：

（一）選例要典型、恰當、精準

（二）用例要適量，要有強大說服力

（三）舉例論證，要有邏輯性

範例　以〈大膽用人論〉為例——「（第一段）美國鋼鐵大王卡內基的墓碑上有這麼幾句話：『墳墓內睡著的，是一位懂得錄用能力比自己強的人。』漢高祖劉邦，論文韜，不如蕭何；論武略，不如韓信；論智謀，不如張良。可是，他能兼容並包，發揮他們的專業，終於一舉打敗西楚霸王，建立漢家天下。（第二段）歷史是一面鏡子，一名傑出的領袖人物，不一定要樣樣精通，事事過人。為政者成功的關鍵，是要知人善任，尤其是不嫉妒賢才，敢於拔擢能力超過自己的人，相得益彰，共創理想。」

短評　文章最初就用了兩個事例，一個是企業家，一個是政治人物，一古一今，一中一外，概括性強，是典型的事例。這種先列舉事例後建立論點的手法，甚能發揮議論文的說服效果。

結語

議論文中的事例敘述和記敘文的敘述事件不一樣，舉例論證法中的事例，目的是用來做為論證的觀點。所以，記敘文字要做到簡潔扼要，凸顯重點。也就是說，一般在記敘文當中講究的具體翔實，議論文中的事例寫法，就必須力求以概括的手法敘明事實，但是同時在論證的觀點中又必須發揮凸顯關鍵的作用。所以，舉例論證法的事例必須加以分析，又要做到精潔，同時扮演好切中論證觀點的角色。

寫作起步走

請體會「舉例論證法」的寫作技法，以二百字到三百字，完成下列各題。

一、真正的高點
二、機運
三、甘心處於卑下
四、情與理的選擇

五、面子
六、沉默
七、批評
八、我的審美觀
九、小人
十、假裝

●參考習作

批評

批評，一般是指出事物或事件的優點、缺點，從而做為改善的提議。不過現在都用來表示事物或事件的缺點，進行比較負面的評價。面對有建設性的批評，我們要虛心接受，努力改進，至於態度惡劣而且帶有情緒性或目的性的批評，我們就要善用智慧與包容。

面對別人的批評，華裔設計師貝聿銘不曾動搖原先的設計理念，最終成就了世界知名的巴黎羅浮宮玻璃金字塔設計圖，成了當地最著名的景點。堅持對的事，無畏於惡意的批評，就是最有力的回擊，最終往往能贏得甜美的果實。

批評，經常是阻礙人通往成功的絆腳石，因為頂不住別人的批評，導致縮手，甚至半途而廢的，頗不乏其人。一個真正的強者，不以批評為阻力，反而視之為助力。能將別人善意或惡意的批評，當作自我反省的養分，不屈不撓、不卑不亢，那才是真正的成功者。

議論技巧（四）

比喻、對比、類比論證法

● 學習主題

一篇議論文必須要提出問題，分析問題，解決問題。分析的過程，就是論證的過程。論證愈高明，論點就愈鮮明；論證愈精巧，說服力就愈強。議論文中常用的論證手法，還有比喻、對比、類比等。這一章要介紹的是議論文中「比喻、對比、類比論證法」的寫作技巧。

● 寫作要訣

想要成功寫好一篇議論文，必須做到論點要鮮明，論據要充實，論證要得當。論證是扮演著根據分析論據來說明論點的角色，在建立的論點和所提出的論據中，發揮邏輯性的連結關係。

● 重點提示

（一）**根據事實**　就是指在議論文中闡釋正確的觀點，或反駁錯誤的觀點，往往要舉典型的事實做依據。

（二）**提出見解**　就是指在分析論據時，進行闡釋和分析，同時提出自己的見解，用來證明論點的方法。

一篇議論文，如果只有單純的講道理，會令人感到生澀抽象，枯燥乏味；反過來說，只提供事例，不加以深入分析，不提出道理、發表見解，就不容易讓讀者看得懂，也缺乏應有的說服力。如果能把「事實」和「見解」好好的緊密結合，就能相輔相成，寫出一篇像樣的議論文來。另外，還要文章論點深刻，見地獨到，有新意，也有深意。那要怎樣才能做到這一個層次呢？最簡單的途徑也是最重要的手段，就是多累積，多感悟。

議論文可以充分反映一個人對生活的觀察，對人生的體認，對世界的見解。你要怎麼樣來論證你的見解，讓你的見解產生說服力，這才是議論文成功與否的關鍵。有了見解，還要會聯想材料來論證自己的見解，材料自然要靠平日的累積。除此之外，一篇成功的議論文少不了要自己對生活有深刻的感悟，才能建立自己獨到的思考。

● 表現技法

一——比喻論證法

「比喻論證法」，就是用大家熟悉、通俗、易懂的事物做比喻，來論證說明所要議論的論點。這種方法的選材和其他論證方法不同，一般要用典型的事例做論據，所以例子必須真實。比喻論證法只要求可用來當做比喻的材料，能和論點貼切結合就可以了。因此，它可以用真實的例子，也可以用虛構的寓言、神話、典故等做例子。

範例 以〈塑造〉為例——「……其實我們每個人手上都有一把刀，那就是知識。聰明的人可以靠它來彌補自己的不足，塑造完美的自己。無論人生有多麼困難，只要有信心用刀來雕刻自己，就一定卓然有成。玉不琢不成器，我們每個人都是一塊璞玉，成不成器，就要看你肯不肯用心去雕琢了。」

短評 比喻論證法既可透過比喻直接加以議論，也可以透過暗示，不直接點明自己的論點。

二——對比論證法

「對比論證法」，就是透過兩種相互對立的事物，或截然相反的論點進行比較，來明辨是非，使讀者清楚的認識事物的本質和特點。運用這種手法要確實做到一正一反、一是一非的鮮明對比，透過這個鮮明的反差，達到涇渭分明的效果。進行對比論證法時，可以先正面後反面，也可以先反面後正面，寫作的立場要堅定，是非、好壞、褒貶、黑白要旗幟鮮明，不可含糊其辭，讓人看了，馬上就知道你贊成什麼，反對什麼。

範例　以〈我心目中的英雄〉為例——「……項羽和劉邦以其截然不同的性格，使楚漢相爭這段歷史格外引人注目。……救趙的鉅鹿之戰，可算是項羽一生最輝煌的時刻。他違抗楚懷王旨意，斬主將宋義，斷秦軍糧道，破釜沉舟，背水一戰，在戰場上橫衝直撞，所向披靡，使各路諸侯『屏息以觀』，對項羽莫敢仰視。與此同時，反觀秦王子嬰投降，劉邦不費吹灰之力打進咸陽城。庶民出身的劉邦攻進阿房宮，立刻命令哄搶金銀的士兵封鎖倉庫，安撫百姓，回歸灞上。他以楚懷王的名義，對秦朝遺老採取寬容政策，又與關中百姓約法三章，從而大得人心。……」

短評　在作者心目中，透過鮮明的對比，項羽與劉邦的形象就躍然紙上了。

三——類比論證法

「類比論證法」，就是將相類似的事物做比較，從已經知道的事物來推知、論證其他類似的事。這種論證方法，最大的關鍵是「相類似」，也就是說，必須有相類似的事物，才能採用類比的論證。相類似的事物之間相似點愈多，結論就愈可靠，也愈有說服力。

範例　以〈講台上的智慧〉為例——「畫家畫花，獨畫一枝，總要留點天地，讓欣賞者自己去遐想；國劇演員演戲，三、五步就走遍天下，七、八人就是百萬雄兵，並不要把什麼都搬到舞台上；詩人作詩，講究含蓄，言有盡而意無窮；音樂家演奏，抑揚頓挫，有時無聲勝有聲。一位好老師，應當有畫畫、演戲、作詩、表演音樂的訣竅：言簡意賅，給學生一點思考的空間；不越俎代庖，給學生留一點自己動手的機會。這樣，才能激發學生的思考力和創造力，才能引起學生聽課的興趣。」

短評　這段文字論證教學重在啟發，反對填鴨，讓學生有思考的餘地。這和畫畫留天地，演戲的象徵、作詩的含蓄、演奏家的無聲處，都是相類似的。

● 寫作起步走

請體會「比喻、對比、類比論證法」的寫作技法，以二百字到三百字之間，完成下列各題。

一、啟示
二、嫉妒
三、掌聲和噓聲
四、我的幸福觀

五、希望和失望
六、權力
七、成長的代價
八、成功的祕訣
九、偏見
十、醜陋

●參考習作

一——掌聲和噓聲（對比論證法）

完成一場表演，台下響起如雷的掌聲，這是表演者最感動的一刻！辛勤苦練那麼久，目的就是為了把最好的成果展現在觀眾面前，獲得觀眾的肯定。「台上一分鐘，台下十年功。」了解這個過程和結果，當表演者有傑出的成績，我們應不吝鼓勵，給予最真誠的認同。

反觀在表演過程中，出現小小的失誤，表演結束，鞠躬謝幕時，若是台下傳來一片噓聲，原本演員就十分自責失誤，悲上加悲。觀眾無情的批評，可能會讓表演者失去自信，心灰意冷，進而放棄下次表演，甚至可能從此再也不敢踏上舞台。

我們都會有相同的人生遭遇，換個角色、立場，將心比心想想，我們面對掌聲與噓聲的感受又是如何？下次無論表演者表現得如何，請不要吝於掌聲，肯定、讚美別人，人間處處有溫暖。

二——權力（類比論證法）

將軍領兵，對待每支兵種都同樣看待，才能齊心齊德；老師帶班，對待每一位學生，必須一視同仁，有功必賞，有過必罰；警察辦案，必須依法行政，絕對不容許包庇或刑求；地方民意代表為地方發聲，必須聚焦在地方的公共利益。

一位優秀的領導者行使他的權力時，應當像將軍領兵、老師帶班、警察辦案、為民發聲等等一樣。講求公德的精神，公平、公正、公開，大公無私去執行；堅持人性的良知，不徇私、不濫法，不舞弊，俯仰無愧去做事。

打開古今中外的歷史看看，當領導者的權力，大多能為公眾著想，這一個時代往往充滿光明與溫暖。智慧無分古今，希望為政者能以史為鑑，以古為鑑，以良知為鑑，以人性為鑑，這樣的權力就會是福國利民的權力。

三——偏見（比喻論證法）

偏見，是指對一個人或一件事，脫離客觀事實甚至帶有偏頗的看法。同一件事發生在不同的人物、事件、地點下，便可能會產生不同的想法，何況是抱持先入為主的既定想法。

我們眼前的社會，是人人平等的社會，可是某一些人仍持有偏見的思維而不自知。比如說有一些人對於原住民就常持有偏見，一直荒謬的停留在烹飪原始、生吃山珍野味、愛喝酒又常酗酒……這些過去的舊聞中。

這些年來，我們看看原住民對台灣形象的提升，以原住民子弟為主的拔河隊拔出了世界冠軍，多少原住民歌手唱出美妙的歌聲，原聲合唱團來自大自然的天籟唱出感動人的聲音，還有好多參與各種國際競賽叫人刮目相看的優勝者，這是台灣之光，也是原住民之光啊！如果還習慣抱持武斷的偏見者，能不引以為鑑嗎？（張譽崴）

議論技巧（五）

歸納、演繹論證法

● 學習主題

議論文最後的目的，是自己建立的觀點能讓人信服。所以，提出論點、找出論據、發揮論證的過程中，要注意有沒有抓緊論證的思路，這個論證思路，主要在強調三者之間的邏輯推理關係。這種邏輯推理的發展路線，就好比是「藤」；推理判斷出來的結論，就好比是「瓜」。我們常常說「順藤摸瓜」，就議論文來講，就是按照合理的邏輯推論，來歸結出結論。所以，只要抓住了「藤」（邏輯推理關係），就能順勢摸到這粒「瓜」（結論）了。這是議論文寫作的合理過程。這一章要介紹的是議論文中「歸納、演繹論證法」的寫作技巧。

● 寫作要訣

運用這種「順藤摘瓜」的手法來進行議論，成功的關鍵在於有沒有順著「藤」，也就是說有沒有順著最好的邏輯推理思路，一步一步的展開。無論是從個別到一般，或者從一般到個別，還是從個別到個別，這當中的邏輯推理是不可少的。因為只有這樣，才能把見解說清楚。在這個邏輯推理中，有的比較複雜，以完全釐清問題為原則。

●重點提示

（一）要根據所有材料提煉出正確的論點

（二）議論時要整理出一條清晰的思路

（三）要正確運用表達的方式

立論時，要明白呈現自己的觀點，用一兩句話準確點出；並且找到嚴謹的理由，選用事例論據，以及最佳的論證方式，構成嚴密的邏輯關係。

●表現技法

一——歸納論證法

◎說明

「歸納論證法」，就是透過好幾個個別的事例，概括它們所共同具有的性質，從而歸納出一個普遍規律的方法，這就是歸納論證法。它的特性，是由個別到一般的論證過程。所以，被歸納的個別事例，要具有一致性；否則，歸納論證就會失真，或者造成前後矛盾的現象。

◎提示

(一) 事例要典型

(二) 事例要真實

也就是說，在列舉事例時，必須選擇有代表性的典型事例，同時事例要明確無誤，選擇客觀存在的事實才好。

範例　以〈中道〉為例——「做任何事情都要恰到好處。戲子演起戲來，講究從容自然，不溫不火；歌手唱起歌來，要情真意切，不卑不亢；廚師做菜要注意火候適中，不快不慢；政治人物問政要拿捏分寸，不忮不求。中道的道理，告訴我們『過』與『不及』都不妥當。……『過』就是『過頭』、『過火』，然而卻常常被誤以為好，說這是『有深度』、『透澈』，其實任何事過了頭，好事就常變成壞事。『不及』就是『不夠』，可是很多人卻以『保守』、『穩重』看待它。事實上，事情做得過一分，就會走向反面；做得不及，又差臨門一腳，也會功敗垂成。失眠不好是不及，睡覺睡得恰到好處就精神好，睡得太多也會頭昏腦脹；打拚好，但打拚過度，就會妨礙健康；對身體過於注意，又會形成精神上的壓力，造成憂鬱、猜疑，反而把身體搞壞了。所以，做什麼事都要守住中道，恰到好處就好。」

短評　文章開頭中第一部分的「戲子演戲」、「歌手唱歌」、「廚師做菜」、「政治人物問政」；第二部分的「睡覺」、「打拚」、「對健康的態度」等等，一系列事例的歸納，有正面歸納，有反面批駁，是很有效的論證法。

二——演繹論證法

「演繹論證法」，就是根據已知的一般原理、規律來推知個別事例，這種從已知的一般道理得出新結論的論證手法，就是演繹論證法。演繹法用來進行論證的主要內容是理論根據。它包括經典道理、科學原理等等。由於進行演繹論證，常常是將不容推翻的論據置於文章前面，所以推知的新論點，就必然成立。

◎提示

（一）對於做為例子的一般原理，必須準確理解，不可斷章取義

（二）個別的事例必須包含在一般原理之中

範例　以〈從滴水穿石談起〉為例——「你可曾注意過：屋簷滴水可以穿透石塊，小小的水滴竟然如此神奇，關鍵就在於水滴的持之以恆。如果水滴是這邊滴一滴，那邊滴一滴，到頭來絕不會產生穿石的功效。……在我們學習的歷程中，常有三天打魚、兩天曬網的經驗，結果都是功虧一簣，這是許多人的共同經驗。然而古往今來成功的人物，都是立志苦學，持續不斷，才完成了了不起的成就。戰國時的蘇秦，以錐刺股，發憤苦讀，終於佩帶六國相印；東晉王羲之臨池練習書法，常年不斷，池水盡黑，終於成為書聖。這都說明了持之以恆的重要，『滴水穿石』帶給我們的啟示也正在於此。」

短評　本文從屋簷滴水可以穿石的現象，體悟出持之以恆的道理，然後演繹出蘇秦、王羲之成功的經驗，就是運用演繹論證的手法。

●寫作起步走

請體會「歸納、演繹論證法」的寫作技法，完成下列各題，字數在二百字到三百字之間。

一、萬丈高樓平地起

二、近墨則黑

三、成熟
四、該出手時就出手
五、奉獻
六、空談與實幹
七、良藥苦口
八、精品
九、大
十、論謹慎

●參考習作

一——萬丈高樓平地起（演繹論證法）

每一棟高樓大廈，必先從根基打起，絕無例外。若不打好穩固的地基，房子很快就會倒塌。其實做任何事都是如此，成就天下事，都是沒有僥倖的。

不積小流，無以成江海；不積跬步，無以至千里。已故的台塑集團創辦人王永慶先生，從一個米店的送貨員，不斷奮鬥與努力，最後打造出聞名全球的塑膠王國，他成功的要素，正是天道酬勤的道理。詩人莎士比亞是劇院雜工出身，替人看管馬匹，一有空就從劇院的門縫偷學戲台上的演出，終於成為有名的劇作家和詩人。拿破崙的字典裡沒有不可能，他在巴黎攻讀砲兵攻略，學習海軍知識，正是苦學有成。可見天下沒有白吃的午餐，任何成就都是積累而來。千里之行，始於足下；合抱之木，生於毫末。那些成大功立大業的人，走的都是踏實奮鬥的一條路。

二——良藥苦口（歸納論證法）

「良藥苦口利於病，忠言逆耳利於行。」說明了好藥大多是苦的，但是對於治病而言，往往是一劑良方；同樣的，忠言總是逆耳，一個人能得到智者的批評，是一件幸運的事。有病就要吃藥，失政就不怕人指摘。

苦藥看似難以入口，只要忍得過，藥到病除。逆言聽似難以入耳，只要包容得下，亂政得治。古代人臣上奏朝廷，具有建設性的諍諫之言，往往隱含對執政者的規勸與建言。唐太宗接納魏徵的〈諫太宗十思疏〉，因而成就貞觀之治；反之，商紂聽信妲己的讒言，沉溺於酒池肉林，走向滅亡。有用的湯劑，藥不要怕苦，有效最重要；直陳的諍諫，不要怕面子難堪，解決施政的盲點，改正最可貴。

議論技巧（六）

先立後破、先破後立論證法

● 學習主題

議論文可以分成立論和駁論兩大類：立論，是提出自己的論點，加以證明；駁論，是反駁別人錯誤的觀念，讓它不能成立。駁論文章並非只是駁倒別人的觀點，從立意的角度看，光有「破」不夠，還得有「破」有「立」，「破」中有「立」，在「破」中確立一個正確鮮明的觀點。

這一章要介紹的是議論文中「先立後破、先破後立論證法」的寫作技巧。

● 寫作要訣

「駁論文」，就是以反駁對方論點為主的議論文。透過反駁錯誤的論點，從而建立自己正確的論點，破中有立、立中有破，是這類議論文的特性。要寫好這一類文章，首先要找出對方的論點，指出它的錯誤，建立反駁的靶子。如果對方的論點，已經包括在材料裡頭，那麼就要針對材料做分析，把它歸納出來，然後對準對方荒謬之處，提出正確的道理和鮮明的事例，給予駁斥，最後確立自己的論點。

駁論文章的立意，一定要遵循「破」、「立」結合的原則，才能提升議論的說服效果。

●重點提示

(一)認真分析謬誤

要對所批駁的謬誤認真分析，找出它的要害，反駁才有力量。

(二)提出正確觀點

要針鋒相對的提出正確觀點，讓讀者完全接受，否則，光破不立，就不能真正發揮文章的說服效果。所以，就駁論文而言，只有「破」、「立」結合，才是這種文章的正確立意，也只有「破」、「立」結合，才能寫出論點鮮明的文章。

●表現技法

一——先立後破

所謂「先立後破」，立，建立；破，駁斥。就是在議論過程中，先建立自己正確的論點，並進行分析；然後選定好批駁的對象，駁斥錯誤觀點，駁斥的目的是為了建立自己更好的論點。「先立後破」的基本格式是：文章開頭先論述正確的觀點和看法，再進行批駁分析，明白指出它的錯誤所在，最後再總結全文。一篇文章之中，可以先立後破，一段之中也可以進行先立後破。

範例　以〈勤〉為例——「一個人想有所成就，是離不開『勤』的。學生想要有好成績，就必須勤苦向學；科學家想要有新發現，就必須日夜實驗；農夫想要好收成，就必須辛勤耕耘。『勤能補拙』，這是成功者的共同經驗。……可是有的人誤以為勤就能獲得一切，整天忙忙碌碌，捨不得睡覺，比別人耗費更多精力，但卻效果不彰。這就告訴我們，勤是成功的根本，但努力也要講究科學方法，講究效率。另外，任何事都有它的正確性與規律性，掌握了要訣，問題就迎刃而解了。庖丁解牛，一把刀用了十多年仍像新的一般，不就是掌握了解牛的正確方法嗎？……所以，任何事情的成功都離不開勤奮努力，同時也需要科學方法，才能事半功倍。」

短評　第一段先立——從正面論述勤的重要；第二段後破——否定只要勤奮就能成功的觀點。在「立」與「破」的基礎之上，提出自己的論點：成功是「勤」加上「科學的方法」。

二——先破後立

就是在議論過程中，先駁斥錯誤的觀點，然後再確立自己正確的觀點。「先破後立」的基本格式是：文章開頭先引出錯誤的觀點和看法；接著透過議論分析，指出錯誤的觀點，分析它錯誤的原因，並且揭發它的危害；然後在駁斥的基礎之上，針鋒相對的提出自己的看法和主張，並進行分析論證。文章結尾再總結回應，強調正確的論點。

範例　以〈在細微處見真章〉為例——「也許有人認為可以『大德不顧細行』，做大事的人可以不必顧慮那些區區小事，殊不知一滴水正可以反映出太陽的光輝，一些小事也可以看出一個人心靈的美醜，甚至於可以看出一個民族文化的高低。隨地吐痰，只是小事一樁，卻可以使一個企業的命運面臨不測。有一次，一家企業的經理與外商談生意，不經意隨地吐痰，外商從此跟這個企業終止合作，一切的努力付諸東流。……小中可以見大，小事不小，小事可以壞了大事。在激烈的競爭中，要想立足社會，贏得對手的尊重，就必須提高自己的人文素養，而且要從小處做起。當今社會處處競爭，展現才華是競爭，表現個人修養也是競爭。一個人人文素養的高低，往往能從細節處展現，在細微處見真章，真是不可忽視的成敗關鍵。……」

短評　本文就是運用「先破後立」的手法，先舉「不經意隨地吐痰」的小事，壞了一樁買賣。因小失大的事例，批駁了「做大事的人可以不必顧慮那些區區小事」的錯誤認知。然後提出「必須提高自己的人文素養……一個人人文素養的高低，往往能從細節處展現」。最後建立「在細微處見真章」的論點。

●寫作起步走

請體會「先立後破，先破後立論證法」的寫作技法，以二百到三百字，完成下列各題。

一、流行就是美嗎？

二、進步沒有極限

三、比

四、江湖義氣要不得

五、談分數

六、小事一樁

七、慢功夫出細活

八、我看流行歌曲

九、欲速則不達

十、髒話

●參考習作

一──欲速則不達（先立後破論證法）

慢的精神，如果是一步一腳印，腳踏實地去做，這種不躐等的功夫，其實是一種真正的快。自古至今，欲速則不達的觀念已深植人心。學生在面對艱澀考題時，能放慢思路，按照正確思考的路徑，才會得心應手。科學家研究發明，從來不是行險僥倖，都是一步一步慢慢來。小孩學走路，從爬到站到走到跑，都是循序漸進，一切急不得。

中醫調病貴在慢慢養身，身子弱卻以大補帖強身，惹來大病的不知凡幾。細嚼慢嚥，吃出真滋味；細品慢讀，學問緩中求；一針一線的手工藝品，慢功夫出細活。

然而，很多人卻反其道而行，凡事求速成，愈快愈好。快鍋燉雞也好，花生燉蹄膀也好……科技文明可以讓食材在很短的時間內燉得爛熟，卻吃不到慢功夫出細活的滋味。任何事都是水到渠成，瓜熟蒂落；慢不是慢，一步一步來，自然而然，才是生命之道啊！（賴詩喬）

二──進步沒有極限（先破後立論證法）

有人認為「進步沒有極限」。只要肯付出努力，人的前途是無可限量的；無論是誰，都能創造出無限的可能。但是現實往往不是如此，「進步」應該是有極限的。許多人常說：「你還有很大的『進步空間』。」正好印證了我的話，空間就算再大，總有用完的一天；進步，就算再多，也總有到盡頭的時候。

一個人的進步空間，攸關於他的天賦、態度和生長環境。天賦不夠，再怎麼努力也是枉然無所得；態度不對，無法突破自己的瓶頸；學習環境不佳，就算付出一輩子的努力，進步的幅度也相當有限。

理想是美好的，現實卻往往是殘酷的；就像人類永遠跑不贏獵豹，麻雀永遠飛不贏老鷹。進步當然是件好事，但在進步之餘，最好先評估自己的極限，選擇對自己最有利的、最大的「進步空間」，才更有機會在自己的領域中鶴立雞群。（郭競升）

議論技巧（七）

一事一議法、感想議論法

● 學習主題

議論文的開頭，可歸結出不少方法：（一）以名言引出論點；（二）由聯想引出論點；（三）由簡要的論述開端；（四）以開門見山立骨架；（五）由一般哲理導入；（六）交代論述的問題做開頭；（七）以設問領起全文；這些都是常用的開頭手法。這一章要介紹的是議論文中「一事一議法、感想議論法」的寫作技巧。

● 寫作要訣

文章開頭的第一句是最困難的，好像音樂的定調一樣，整支曲子的成敗都是從這裡開始的。古人談到寫文章，總會提及：「鳳頭」、「豬肚」、「豹尾」。鳳頭是指開頭要美；豬肚指文章的主體要充實、豐富；豹尾是指結尾要簡潔有力。開頭能如爆竹，才能打開全文的思路。不管你打算運用什麼論證手法，開頭第一段千萬馬虎不得。

●錯誤範例

學生寫議論文的經驗不多，常常會出現下列的毛病：（一）不會提煉論點；（二）立論偏離主題；（三）論述中心多頭；（四）開頭沒有章法；（五）思路打不開；（六）內容過於單薄；（七）論證不夠充分；（八）錯把敘述當議論；（九）議論空泛不精；（十）引用例證失當；（十一）不會論證分析；（十二）議論片面、瑣碎、極端；（十三）駁論抓不到要害；（十四）議論結構不合理等。

●重點提示

在進行議論文各種論證的過程中，必須講究嚴謹的思維與寫作的技巧。

寫作思維要注意以下要點：

（一）**打開論證思路**

有的只論「為什麼」，有的只論「怎麼辦」，有的兩者都論。有的要正面講，有的要反面論，有的要正反論證。有的講道理，舉事證，有的根據立論，聯繫社會現象。有的立論闡述，有的駁論批判。

（二）**掌握常用的論證手法**

論證手法不勝枚舉，基本的體式要能充分掌握。列舉如下：

「引證法」——引用經典名言。

「例證法」——運用典型事例來證明論點。

「對比法」——以一正一反的道理或事例做對比，以證明論點。

「喻證法」——用比喻論證來證明論點。

「類比法」——從已知的事物推論另一種相類的事物。

「綜合論證」——如演繹法、歸納法等等。

●表現技法

一、一事一議法

◎**說明**

「一事一議法」，就是指以一件事、一個問題、一種現象等來表達對某些事物或某些問題的見解。這種論證手法的特點是就事論事，往往由小見大。結構的外在形式為「敘」、「議」結合；有的是先敘後議，有的是先議後敘，有的是夾敘夾議。就基本原則來說，記敘是為議論而安排的，也就是說，一事一議法，基本的重心仍在議論。

◎特點

（一）**領悟道理**　要選一件典型的事例，從中領悟出某一個道理，發揮「以小見大」的作用。

（二）**敘寫扼要**　一般先從敘述事件開始，記敘要簡明扼要，不必具體的敘寫。

（三）**清楚表達**　在敘述事件的基礎上，要把這個事件所蘊含的道理揭示出來，說清楚，講明白，確實做到就事議論。

範例　以〈青少年高消費〉為例──「在經濟不景氣的今天，台灣的青少年卻是消費能力很強的族群，追求名牌，追求時髦，吃要吃得貴，用要用得流行，這種高消費的現象，完全悖離勤儉的民族性。我認為：這是非常不妥當的。……高消費的習性不符合國情。雖然台灣錢曾經淹腳目，但是幾十年來，經濟十分不景氣，鈔票大把大把的花，簽帳卡一張一張的簽，這是多麼怵目驚心的事。……高消費是一種沉淪墮落，它使青少年揮霍父母的血汗錢而面不改色，把自己的快樂建立在父母的辛苦之上。……台灣王永慶建立塑膠王國，卻依然勤儉持家；香港船王包玉剛家財萬貫，絕不貪圖享受……。印度詩人泰戈爾說：『鳥翼繫上了黃金，鳥也就飛不起來了。』我們的社會要健康，國家要可大可久，就必須改變侈靡之風，提倡儉樸，尤其是青少年，應該全力唾棄高消費。……」

短評　這就是一事一議的議論文。文中的「事」，是一種社會現象——青少年高消費。文中提出兩個不妥當的理由：（一）不符合國情；（二）是一種沉淪墮落。文章結尾引泰戈爾作結，進一步提倡儉約，反對高消費的習性。

二——感想議論法

「感想議論法」，就是指人們讀了一本書、一篇文章，或者看了一段電視劇、一部電影、一場球賽、一齣舞台劇的演出後，由於具體的觸發而產生的感想。從這些感想產生議論，就是感想議論法。由感想到議論，第一步自然要先有心得、體會，才能形成感想；接著再由感想生發議論。運用這種論證手法的議論文，大多為讀後感、〇〇的啟示等等。進行寫作時要注意記敘與議論之間的關係，掌握引起議論的基礎，文章的重心自然要放在議論上。「讀後感」，著重寫感情，再結合議論作結；「〇〇的啟示」著重聯想而產生啟示，抓住受到啟發的點，進行一番議論。

範例　以〈隨遇而安——讀李樂薇〈我的空中樓閣〉有感〉為例——「讀了李樂薇的〈我的

空中樓閣〉一文，讓我產生深刻的感悟。青山如眉，小山似痣，這就是李樂薇心中家的位置。山色虛無，樹影縹緲，這就是李樂薇為家營造出的氛圍。席地幕天，怡然自得，這就是李樂薇的心境。我很欣賞這種脫俗的氣質，這份海闊天空的情懷，我也有我自己的空中樓閣。……像杜甫那樣，在江邊蓋一座草堂吧，我也可以如老杜一樣平靜的面對『無邊落木蕭蕭下，不盡長江滾滾來』的幽邈。……像李白那樣飛到敬亭山上，也好！相看兩不厭的，依舊是敬亭山，沒有喧囂，沒有紛擾，終日與青山為伴，俱懷逸興壯思飛。……當然，若能像陶潛那樣『採菊東籬下，悠然見南山』，或者住進劉禹錫夕陽斜照時的烏衣巷也不賴。……太多的夢，太多的選擇，我終於明白，生在塵俗，拘泥是不能免的，不是停滯，就是漂泊，無法隨心所欲。但是心境卻可以不受束縛，天地之大，可以四海為家，到哪裡都可以隨遇而安。」

短評　這一篇就是成功的感想議論文。這一篇「讀後感」要表現深刻的感悟，以凸顯隨遇而安的心境：先建立海闊天空的情懷，然後透過古代文人的典型例子，做為論述感想議論的基調。杜甫草堂、李白敬亭山、陶淵明悠然見南山、劉禹錫烏衣巷等等具體的人物意象，很鮮明的襯托了讀後感的效果。

寫作起步走

請體會「一事一議法、感想議論法」的寫作技法，以二百字到三百字，完成下列各題。

一、讀《圍城》有感

二、讀《小太陽》有感

三、敘利亞內戰的啟示

四、觀賞電影《明天過後》有感

五、我讀《兒子的大玩偶》

六、「選戰」的啟示

七、闖紅燈

八、新型冠狀病毒

九、不良的示範

十、又見跳樓自殺

●參考習作

一——闖紅燈（一事一議論證法）

在十字路口或者有交錯的馬路上，大部分都有設置紅綠燈。可是我們經常可以聽到新聞報導或現場目擊，在十字路口發生車禍，輕者輕重傷，重者當場死亡。紅燈禁止通行，綠燈可以通行，這個開車的遊戲規則，人人都懂，可是為什麼還會發生車禍呢？

俗話說：「十次車禍九次快！」這話說得一點都不假。肇事的關鍵是闖紅燈，不想再等下一個綠燈，當然這都是沒有公德心、自私自利的下場。

還有一個微妙的事實，就是緩衝區的黃燈，當紅綠燈變化之間，會有兩三秒的黃燈。大家只要把握這幾秒鐘，黃燈一亮，沒過的不過，已走到一半的，快快把握時間過，天下太平。關鍵就在爭先恐後，大家搶。只要有一方違規就會出車禍，兩方都違規，那血光之災就無法避免了。

我們的社會，車子往往不懂得禮讓行人，導致行人怕車，小車怕大車，大車最大。「綠燈不敢馬上過，紅燈一亮不放過」，這是不守法的習性。闖紅燈就是從不尊重開始的，從現在起，請大家尊重交通號誌吧！

二——「選戰」的啟示（感想議論法）

台灣什麼都多，選舉特別多，從里長到總統，從鄉民代表到立法委員，幾乎年年有選舉，有選舉就有選戰。有大街小巷穿梭不已的後援團體，有拼裝車改裝的小蜜蜂錄音宣傳車，有電話錄音的拜託拜託，還有傳統的平面媒體、電視、電台、網路，真是五花八門，應有盡有……

選賢舉能，本來就是民主社會自由表現的功能，是民主化國家的驕傲之一。不幸的是，台灣社會每到選舉就撕裂一次，選戰醜聞一籮筐，風氣敗壞見怪不怪，祖宗八代總是被請出來問候，族群的對立愈來愈嚴重，社會愈來愈不和諧，這都不是大家願意見到的。可是一進入選戰，往往殺紅了眼，選著選著就變成了仇家，動不動就告上法院，真是孰令致之啊？

選舉是選出來為民服務的賢能之人，如果走向今天這樣，那真的不要也罷，所有檯面上的政黨，都要嚴厲的反思、深思啊！

如何使用這本書

《起步走笨作文——進階技巧篇》

●本書學習目標

《起步走笨作文——進階技巧篇》，主要是針對描寫文、記敘文、抒情文、說明文、議論文等五種文體，做全方位的拆解學習，字數大約訂在五十字至三百字之間，可以隨著不同的年齡層與學習對象，依據實際的需要做彈性、適性的調整。敬愛的老師們、家長們，與其讓自己的學生、自己的孩子叫苦連天、徒呼奈何，病急亂投醫，不如我們憑真功夫自己教。問題是，目前高中、國中、小學各級的作文教學，有很多實質的困境，造成該教都沒教，該會的都沒會。正常來說，只要是樹，只要是草，花總是要開一回，早開晚開都會開，這才是自然而合理的。但是，現在的作文就好比該開的花都沒有開，這豈止是「遺憾」足以道盡！

學作文最起碼要培養寫出一篇「合情合理」文章的能力，在我們共同學習的經驗中，錯把鑑別作文能力和培養作文能力混為一談，這是一個大問題。打從第一篇作文開始，就出現了考試成績與比較好壞的影子，平常作文也都是現場寫、馬上寫。看起來這種作文經驗是對的，因為習以為常，所以不疑有他。可是當教者這樣教，認為學生必須會；學者這樣學，以為應該會。我們作文的病灶就形成了。

這當中出現了一個大問題——學生還沒有具備初學者該有的能力，或者學生還沒有準備好；更嚴重的是，學生根本沒有具備基礎的作文能力，我們就要求他寫一篇又一篇的作文。會寫的要不是天賦好，就是有家學，從小三到高三，班上作文寫得好的永遠只有那幾個。從小學到高中，這整整十年的作文人生，寫不出個名堂，這合理嗎？

大家相不相信，往往第一篇作文就把孩子的信心打垮了。能不能先想一想：寫作文這件事，學生「活下來」比寫得好更重要。同樣一個題目，能寫四百字的就讓他寫四百字，寫三百字比較適當的就讓他寫三百字；根據學生的能力，分級要求，以此類推；只能寫一句的，就讓他從寫一句開始，這樣每個學生的作文生命都「活著」，不是嗎？慢慢進步慢慢會，早會晚會遲早都會，這就貴在因材施教。這本書就是針對想教好作文、想學好作文的人設計的，不限年齡對象，誰都可以學好作文，滿載而歸。

笨先生以基層教學四十年的經驗，從各種專業技術當學徒的共通經驗，歸納出老祖宗「教與學」的笨法寶，簡單的說，就是按部就班，循序漸進。傳統作文教學就是少了「一步一步來」，沒有天梯又要學生一步登天。在我擔任《國語日報》語文班作文總召集人期間，就以各行各業學習技藝的共通概念，發展出作文「先拆解再組合」的學習法。把複雜的簡單化，像爬山一樣，一步一步往上爬，簡單的打好底了，再組織化、豐富化，自然而然，順理成章寫成一篇文章來。

笨先生曾經以這種作文學習法，拿台北市立建國高中數理資優班和普通班做過三波九年的實驗；同時也以相同的方法，針對小學高年級（五、六年級）做過三輪的實驗；不同的是建中以高一為對象，實施一年，小學為期兩年。從細部拆解到連綴組織成一篇文章，最後都成功了。一般而言，數理資優班的學生作文總是弱一些，可是學習熱度又總比一般學生強一些，打底打好了，再趁熱打鐵，加強應考作文，最後大考作文成績，總能維持在全年級前三名之內；小學高年級的學生，進入國中之後，學生也都能立於不敗之地。

這證明作文是可以教的，作文是應該教的，教了就應該會寫才合理。當我們完成師父領進門的基本任務，剩下就是學生學作文的修行在個人了。

以下說明本書五大單元內容概要：

●描寫技巧篇

本篇主要分成三大類：

1人物描寫：相貌、動作、神態、個性特徵、心理、語言、場面、細節、白描、工筆等等。

2景物描寫：時令、定點、移動、定景換點、分類、特寫、情景交融、色澤點染、景物聯想等等。

3物體描寫：寫生、細描、縮放、特徵、比擬、狀物寓情、比較、化靜為動、有聲有色等。

對於初學者，建議先從「描寫技巧篇」開始著手，每一個單元要有步驟、有秩序、有進階，進行講解與練習。在進行習作時，建議做有機的組合。例如：人物描寫單元，當進行完相貌、動作、神態等單一主題後，可以鎖定一個特定對象進行多元描寫，爺爺、奶奶、爸爸、媽媽、各科老師都行。第一次實施相貌描寫，寫五十個字；第二次實施動作描寫，寫五十個字；第三次實施神態描寫，寫五十個字；第四次結合前三次單一主題習作後，進行綜合練習，完成一篇一五〇字至二百字的人物描寫短文寫作。當然還可以在三個主題的結合下，隨機外加，諸如個性、特徵等等。題目可以訂為：「〇〇〇在客廳」、「〇〇〇在講台」，進行完整而進階的人物描寫。

●記敘技巧篇

包括七大章節：第一、二、三人稱記事；時間交代、空間交代；詳敘、略敘；順敘、倒敘、插敘；逆敘、補敘；平敘、散敘、環敘；記敘寓情、夾敘夾議等等。

記敘技巧的教學課程，除了緊扣人、事、時、地、物的掌握、連結與組織外，最重要的是防止學生寫成「流水帳」。做人貴直，作文貴曲。如何把握曲折、變化、靈動、自然，這是記敘技巧成敗的關鍵。

台灣學生寫任何作文都殘留過去傳統聯考的遺毒或餘毒，不管什麼題目、文體，幾乎篇篇都有論說文的架構隱藏其中，為什麼會這樣呢？因為從民國四十三年第一屆大專四校聯招開始，論說文就主導了應試作文的方向，各級中小學的作文教學，就不知不覺走向「論說文」化了。

建議先選擇以電影來進行作文教學。大部分的電影都是以故事為主，是記敘文最直接而富有趣味的引導式教學。電影是怎麼開始的？又是怎麼結束的？一部好的電影，情節的發展是否高潮起伏？故事是否扣人心弦？人物是否鮮明生動？看完幾部電影後，學生就會發現：原來電影是讓故事情節或人物變化來呈現主題的，導演不會動不動就站出來說話。我們學生寫記敘文，經常是「因為……所以……」的寫法，這種說明式的記敘手法，讓寫出來的作文倒盡胃口。

● 抒情技巧篇

談到抒情技巧，大致上來說，可以分成直接抒情與間接抒情兩大類。

本篇包括七大章節：直接抒情法、借景抒情法、觸景生情法、借事抒情法、詠物寓情法、詠物言志法、議論抒情法等等。

抒情文和記敘文經常是自然的組合，這兩種文體基本上是連體嬰，不容易也不能截然分割。記敘文要有情味，否則容易淪為記流水帳，像打開水龍頭一般，一筆到底。抒情文也要有人、事、時、地、物的幫襯，否則一味抒情，往往容易掉入無病呻吟的深淵。所以抒情技巧，往往必須適時適地且適宜的與人物、景物、事物、靜物等等做自然的搭配，加上描寫文精緻而巧妙、合宜而優質的妝點。以記敘、描寫、抒情結合的寫作技巧，就能扣緊以「情」為主軸的表現手法。

記敘文必須有情感的昇華，才是好的記敘文；抒情文也必須有人與事的故事安排，才會是有骨有肉的抒情文。簡單的說，兩者文體的分別只是記敘與抒情所占篇幅比例的問題。以抒情為主的，仍然要有人與事，我們習慣稱為抒情文，其實應該說成抒情兼記敘；以記敘為主的，仍然要有情的表現，我們習慣稱為記敘文，其實應該說成記敘兼抒情。

●說明技巧篇

本篇分成七大章節：特徵、舉例說明法；分類、順序說明法；數字、引用說明法；比喻、擬人說明法；記敘、描寫說明法；定義、分析說明法；抒情渲染、議論點題法等等。

說明文就「理」而言，是客觀的闡述道理，在道理的闡發和例證的搭配上，必須注意拿捏得當。「以理帶事」或者「以事帶理」，都有寫作的捷徑。說理不落俗套，例證不要人云亦云，這是最起碼的原則。

說明道理要能翻出新意，不要落入窠臼，才是好的說明文。在起承轉合的基礎上，可以另外開拓總合分應法、合分分合法、以理帶事法、以事帶理法、輻射型思考法等等，不要永遠靠一招半式闖江湖。當然在進行完整篇章的寫作之前，先一步一腳印的把基本的說明能力建立起來，這是說明文的起步走。

●議論技巧篇

本篇分成七大章節：正面論證法；反面、引用論證法；舉例論證法；比喻、對比、類比論證法；歸納、演繹論證法；先立後破、先破後立論證法；一事一議法、感想議論法等等。

根據某個事物、某個事件、某個問題或某個現象，經過自己深入思考後，透過論證的手法，進行分析評論，表達自己的立場、觀點、態度和主張，這種表達的手法就是議論文。

一般而言，一篇完整的議論文，必須包括論點、論據、論證這三個元素。

所謂論點，就是寫作者對於所要議論的主題抱持的態度和見解；不同的人，思考問題的角度不一樣，自然會產生不同論點，所以寫議論文不能沒有看法、主張，也就是不能沒有論點。

所謂論據，就是理論的依據。「根據事實提出自己的見解」中的「事實」，就是我們常說的論據，它的作用是議論文當中用來佐證論點的依據，也是議論文的基本手法。

至於所謂論證，就是利用論據來闡明論點的方法，也就是「根據事實提出自己的見解」中的「提出見解」，至於論證的手法有很多種，也正是議論技巧篇這個篇章所要一一介紹的。

議論文當中，要如何區分「論點」、「論據」與「論證」呢?「論點」是一篇文章的靈魂，「論據」是證明論點的例子，至於「論證」，就是將「論點」與「論據」做合理而巧妙連結的手段，三者缺一不可。

● 結語

我們的學生從小就沒有表達自己見解的習慣，甚至到了不敢說的地步。歸結原因，不外乎心裡頭總有標準答案在作祟。怕寫錯，不敢說，這是各級學生的通病。這種踏實的起步走笨作文，完全不是僥倖的學習，你只要按圖索驥，一步一步的拆解學習，然後整合組織。日起有功，時間一到，自然就瓜熟蒂落，水到渠成。祝福你!

教育教養 BEP 052

起步走笨作文
進階技巧篇

國家圖書館出版品預行編目（CIP）資料

起步走笨作文：進階技巧篇／林明進作. --
第一版. -- 台北市：遠見天下文化，2020.06
面； 公分. --（教育教養；BEP052）
ISBN 978-986-479-961-9（平裝）

1.漢語教學 2.作文 3.寫作法 4.中小學教育

523.313 109002899

作者 — 林明進

總編輯 — 吳佩穎
副總監 — 楊郁慧
責任編輯 — 李奕昀（特約）、楊郁慧
美術設計 — 陳文德（特約）

出版者 — 遠見天下文化出版股份有限公司
創辦人 — 高希均、王力行
遠見・天下文化・事業群 董事長 — 高希均
事業群發行人／CEO — 王力行
天下文化社長 — 林天來
天下文化總經理 — 林芳燕
國際事務開發部兼版權中心總監 — 潘欣
法律顧問 — 理律法律事務所陳長文律師
著作權顧問 — 魏啟翔律師
社址 — 台北市 104 松江路 93 巷 1 號
讀者服務專線 — 02-2662-0012 ｜傳真 — 02-2662-0007；02-2662-0009
電子郵件信箱 — cwpc@cwgv.com.tw
直接郵撥帳號 — 1326703-6 遠見天下文化出版股份有限公司

定價 — NT 380 元
ISBN — 978-986-479-961-9
書號 — BEP 052
天下文化官網 — bookzone.cwgv.com.tw
製版廠 — 中原造像股份有限公司
印刷廠 — 中原造像股份有限公司
裝訂廠 — 中原造像股份有限公司
登記證 — 局版台業字第 2517 號
總經銷 — 大和書報圖書股份有限公司｜電話 — 02-8990-2588
出版日期 — 2020 年 7 月 6 日第一版第三次印行